中国金融期货交易所
China Financial Futures Exchange

金融期货与期权丛书

股指期货热点问题面对面

中国金融期货交易所　编

中国财政经济出版社

图书在版编目（CIP）数据

股指期货热点问题面对面／中国金融期货交易所编．—北京：中国财政经济出版社，2014.4

（金融期货与期权丛书）

ISBN 978－7－5095－5037－3

Ⅰ.①股…　Ⅱ.①中…　Ⅲ.①股票指数期货－研究－中国　Ⅳ.①F832.5

中国版本图书馆CIP数据核字（2014）第005330号

责任编辑：胡　懿　　　　　责任校对：徐艳丽

封面设计：李运平

中国财政经济出版社出版

URL：http：//www.cfeph.cn

社址：北京市海淀区阜成路甲28号　邮政编码：100142

售书电话：010－88190950

北京中兴印刷有限公司印刷　各地新华书店经销

787×1092毫米　16开　18.75印张　245 500字

2014年4月第1版　2014年4月北京第1次印刷

定价：45.00元

ISBN 978－7－5095－5037－3/F·4086

（图书出现印装问题，本社负责调换）

本社质量投诉电话：010－88190744

反盗版举报热线：010－88190492　88190446

总　序

20世纪70年代初开始，欧美国家金融市场发生了深刻变化。1971年，布雷顿森林体系正式解体，浮动汇率制逐渐取代固定汇率制，汇率波动幅度明显加大。同期，各国也在不断推进利率市场化进程。随着欧美国家利率、汇率市场化程度的提升，利率、汇率风险逐渐成为市场风险的主要来源，经济主体对利率、汇率风险管理的需求大幅增加。金融期货期权就是在这样的背景下产生的。1972年，芝加哥商业交易所推出了全球第一个外汇期货交易品种；1973年，芝加哥期权交易所推出了全球第一个场内标准化股票期权；1975年，伴随美国利率市场化进程，芝加哥期货交易所推出了全球第一个利率期货品种——国民抵押协会债券期货；1982年，堪萨斯交易所又推出全球第一个股指期货——价值线指数期货合约。金融期货期权市场自诞生以来，发展一直十分迅猛。近年来，金融期货期权成交量已经占到整个期货期权市场成交量的90%左右，成为金融市场的重要组成部分。

金融期货期权市场是金融市场发展到一定阶段的必然产物，发达的金融期货期权市场是金融市场成熟的重要标志。金融期货期权能够高效率地实现金融风险在市场参与主体之间的转移，满足经济主体金融风险管理需求。1990年，诺贝尔经济学奖获得者莫顿·米勒曾做出经典评价：金融衍生工具使企业和机构有效和经济地处理困扰其多年的风险成为可能，世界也因之变得更加安全，而不是变得更加危险。

金融期货期权诞生以来，对全球经济发展起到了积极的促进作用。在宏观层面，金融期货期权显著提升了金融市场的深度和流动性，提高了金融市场的资源配置效率，有效改善了宏观经济的整体绩效；在微观层面，金融期货期权为金融机构提供了有效的风险管理工具，使金融机构在为企业和消费者提供产品和服务的同时，能够及时对冲掉因经营活动而产生的利率、汇率等风险敞口，使他们能够在利率、汇率市场化的环境下实现稳健经营。

党的十八大明确提出，要更大程度更广范围发挥市场在资源配置中的基础性作用，要继续深化金融体制改革，健全促进宏观经济稳定、支持实体经济发展的现代金融体系，加快发展多层次资本市场，稳步推进利率和汇率市场化改革。可以预见，我国将进入一个经济金融市场化程度更高的新时代，利率、汇率等金融风险将成为市场主体日常经营中必须面对和处理的主要风险。在这样的时代背景下，加快发展我国金融期货期权等衍生品市场具有格外重要的意义：

一是有利于进一步提升我国金融市场的资源配置效率。期货期权市场的发展有利于提升基础资产市场的流动性和深度，从而为基础资产市场的投资者进行资产配置、资产转换、风险管理提供便利，促进金融市场资源配置功能的发挥。

二是助推我国利率和汇率市场化改革进程。随着我国利率、汇率市场化程度不断提高，机构面临的利率、汇率风险在增加。如果缺乏有效的风险管理工具，包括商业银行在内的各类市场主体无法有效地管理风险敞口。这不仅对金融机构稳健经营构成挑战，也会牵制利率和汇率市场化改革的进程。只有在利率和汇率市场化改革过程中适时推出相应的期货期权衍生产品，才能保证利率和汇率市场化目标的实现。

三是有利于推动我国经济创新驱动，转型发展。实体经济以创新为驱动，必然要求金融领域以创新相配合，才能不断满足实体经济日益多样化、个性化的需求。金融期货期权是各类金融创新的重要催化剂和基础构件，发展金融期货期权等衍生品，有利于推动整个金融行业开展有效创新，拓展和释放金融服务实体经济的空间和能量，促进我国实现创新驱动的国家发展战略。

当前，我国金融期货期权市场还处在发展的初期，远远不能满足市场参与者日益增加的风险管理需求，也远远不能适应我国实体经济发展和金融改革创新的新形势和新要求，加快发展我国金融期货期权市场已经时不我待。

2010 年 4 月 16 日，中国金融期货交易所推出了沪深 300 股指期货，标志着我国资本市场改革发展又迈出了一大步，对于完善我国资本市场体系具有重要而深远的意义。中国金融期货交易所肩负着发展我国金融期货期权等衍生品市场的重大历史使命，致力于打造“社会责任至上、市场功能完备、治理保障科学、运行安全高效”的世界一流交易所，建设全球人民币资产的风险管理中心。加强研究和交流是推动我国金融期货期权市场发展的重要手段，中国金融期货交易所组织出版这套金融期货与期权丛书，旨在进一步推动各方关注我国金融期货期权市场的发展，明确金融期货期权市场发展路径；帮助大家认识和理解金融期货期权市场的内在功能和独特魅力，凝聚发展我国金融期货期权的共识；培育金融期货期权文化，培养我国金融期货期权市场的后备人才。金融期货与期权丛书涵盖了理论分析、实务探讨、翻译引进和通俗普及四大板块的内容，可以适应不同读者的需求。相信这套丛书的出版必将对我国金融期货期权市场发展事业起到积极的推动作用。

中国金融期货交易所董事长 张晓峰

2014年1月

目　录

必由之路

功能发挥

行业革新

期现关系

投保建设

套保研究

交割释疑

深化发展

结 束 语

中国金融期货交易所
China Financial Futures Exchange

必由之路

建设股指期货是股市发展必然选择

张慎峰　郑凌云

文章导读

经过 30 多年的发展，目前股指期货已经成为国际上成熟的金融期货产品，全球主要股票市场都伴生有股指期货市场。总体来看，股指期货是中性的风险管理工具，不干扰股市基本走势，而在稳定市场等辅助宏观经济运行方面作用积极。从国际市场经验来看，股指期货市场经受了历次金融危机的考验，并以其优越的风险对冲、稳定市场、价格发现等功能，成为全球使用最广泛、最成熟的避险工具。

推出股指期货是顺应股指期货发展的世界性潮流和我国股市发展的内在要求，对于保障资本市场的平稳健康发展承载着重大的历史使命：第一，加强基础制度和基础设施建设，健全股票市场内在稳定机制，抑制单边市场；第二，提供避险保值工具，抑制财富剧烈波动，有效保护各类投资者利益；第三，推动长线资金入市，积极推动机构投资者发展，提升股市核心竞争力；第四，倡导理性投资、长期投资理念，培育先进市场文化。

本文原载于2013年11月15日《中国证券报》A5版。

作者分别为：中国金融期货交易所党委书记、董事长；中国金融期货交易所总经理办公室总监助理。

股指期货上市运行已经三年半时间，市场运行稳定规范，功能逐步发挥。期间，由于我国主要股票指数持续下跌，关于股指期货市场产生、发展与功能发挥，社会有肯定、赞誉之声，也有质疑甚至反对之声。如何客观理性看待股指期货，需要结合国际成熟市场发展的经验和我国股市历史发展进程，置入可供比照的时空坐标序列，探寻建市初衷，检视运行过程，科学总结评估。

中国证券报
www.cs.com.cn
www.jnlc.com
中金所董事长张慎峰：
对股指期货应持客观理性态度

一、股指期货市场：股票市场结构完整性的内在逻辑

适应经济金融活动的需要，股票市场在发展演进中，层次逐渐清晰，功能逐渐完备，形成现代意义上完整的体系架构，包括股票发行一级市场、股票交易二级市场和以股指期货为代表管理股市风险的衍生品市场。这三个部分有机协调，构成一个不可分割、相伴共生的统一整体。股票一级市场实现了投资、融资和资产的静态定价，二级交易市场实现了资产动态定价和优化配置，股指期货市场则实现了股市风险的控制、分割、转移和再分配。在股票市场达到一定规模、发展到一定阶段之后，股指期货必然会出现，否则市场就难以持续、健康、稳定发展。纵观全球股票市场发展的历史，有股票市场就必然会伴生有股指期货市场，股指期货市场既是股票市场发展的必然产物，又是推动股票市场向较高级阶段进一步成熟完善的内在要求。

财经要闻·A05

建设股指期货是股市发展必然选择

作为完整的股票市场体系，股指期货市场与股票一、二级市场之间的关系，就好像汽车除了要有前进挡，还必须有倒车挡，才能进退自如，除了要有油门，还必须有制动，才能运行安全。从作用和效果看，股指期货如同雨天的雨伞、财产的保险。

二、发展股指期货：国际成熟资本市场普遍经验的有效借鉴

从国际成熟资本市场发展历程来看，股指期货是金融期货中历史最短、发展最快的品种之一，但它的发展历程并非一帆风顺。20 世纪七八十年代，在布雷顿森林体系瓦解，石油危机的影响下，西方各国经济发展十分不稳定，汇率、利率和股票价格大幅波动。在这种背景下，为管理金融市场波动风险，金融期货应运而生。从 1972 年外汇期货、1975 年利率期货推出，到 1982 年全球首个股指期货在美国上市，再到股指期货诞生 5 年之后的 1987 年 10 月，美国股市暴跌引发全球股市重挫，股指期货市场功能曾引起激烈争论，人们对股指期货的态度由积极和肯定转变为怀疑和否定。美国政府成立了以财政部长布雷迪为首的总统工作小组，于 1988 年提供《布雷迪报告》，基本观点认为美国股市暴跌主要由指数套利和组合保险这两类交易在股指期货和股票市场相继推动造成，但事后分析，该报告将股灾原因归咎于股指期货市场的看法并不符合事实。1991 年，以诺贝尔经济学奖得主莫顿·米勒（Merton Miller）为首的工作小组经过大量翔实的调

查，否定了该报告中关于股指期货引致股灾的结论，认为1987年的股灾和1929年的股市“崩盘”并没有本质区别，这两个事件都是宏观经济问题累积，以及股票市场本身缺陷导致，而非由股指期货市场引发。进入20世纪90年代，有关股指期货的争议逐渐消失，股指期货经历了磨练之后，在发达国家和部分发展中国家运用更为普遍。

经过30多年的发展，股指期货成为国际上成熟的金融期货产品，无论是欧美还是亚太地区，全球主要股票市场都伴生有股指期货市场。到目前，全球已有股指期货产品400多个，这已经成为现代资本市场结构的基本特征。总体来看，股指期货是中性的风险管理工具，不干扰股市基本走势，却在稳定市场等辅助宏观经济运行方面作用积极。根据对美国、英国、德国、日本、印度、巴西、中国香港等12个不同发展程度的市场上股指期货对现货指数波动率影响的检验：6个市场股指期货对现货市场波动影响不显著，占全部市场的50%；4个市场波动降低，占33%；仅有2个市场波动增加，占17%。总体来看，股指期货上市后股市波动没有额外增加的现货市场比例高达83%。这在新兴市场表现得更为明显，如印度上市股指期货后3年股市波动率比上市前一年分别下降了14.7%、32.2%与51.6%。

从国际市场经验来看，股指期货市场经受了历次金融危机的考验，自身没有出现大的系统性风险，而且在股票市场危急时刻，股指期货成交量放大，通过期货市场的避险，有效释放了市场巨大抛压，避免市场连续暴跌。据统计，2008年金融危机爆发至当年年底，22个推出股指期货的市场股票平均跌幅为46.91%，而没有推出股指期货的市场平均跌幅达到63.15%，同一时期，我国上证综指跌幅更是达到73%，比传统上我们描绘的国外股市“崩盘”的跌幅还大。2008年9月15日，雷曼兄弟公司宣布申请破产保护，全球金融市场遭遇“黑色星期一”，在形势特别严峻的15日、16日和

17 日 3 天，美国 CME 小型 S&P500 股指期货日成交量和持仓合约规模大幅攀升，成交量分别比平时增长了近 2 倍，成为股票市场风险的“分洪区”，成为投资者的首要避险手段。

国际成熟市场 30 年的经验表明，股指期货以其优越的风险对冲、稳定市场、价格发现等功能，成为全球使用最广泛、最成熟的避险工具，吸引了包括共同基金、养老金、保险公司、证券公司等在内的大量投资者，尤其是长线机构投资者的普遍参与，被广泛应用于市场风险管理、资产组合配置、投资理财产品创新等方面。

三、发展股指期货：我国商品期货发展经验的继承和发扬

从期货的历史来看，股指期货等金融期货市场发展是商品期货风险管理成功经验应用于金融领域的结果，是商品期货市场发展到一定阶段的产物。165 年前，现代期货市场应风险规避之需，诞生于美国农产品交易中心的芝加哥。期货交易机制从谷物等农产品到金属产品，再迈入现代金融领域，成为最有效率的市场化风险管理做法。

我国商品期货市场的建立和不断完善是市场经济发展的内在要求，也是经济体制改革深化的必然产物。其发展经验为股指期货的健康安全运行提供了有效借鉴。1999 年，《期货交易管理暂行条例》发布实施，特别是 2004 年《国务院关于推进资本市场改革开放和稳定发展的若干意见》颁布后，我国商品期货市场走上了规范发展的道路。国务院领导高瞻远瞩，从推动期货市场稳步发展，更大程度发挥市场在资源配置中的基础性作用的大局出发，相继批准一系列与实体经济密切相关的期货品种上市交易，涵盖了农产品、金属、能源和化工等国民经济主要产业领域。在中国证监会的领导和组织下，期货市场改革稳步推进，市场规模不断扩大，国内三家商品期货交易所交易量均名列全球交易所前茅，市场管控安全有效，运行质量不断提升，套期保值效率持续优化，市场功能发挥良好；

期货保证金监控中心成立，推行具有中国特色的期货保证金存管监控制度，形成“五位一体”监管机制，全系统期货监管能力和监管效率得到显著提升，市场中介机构规范运行，期货市场在保护投资者合法权益、防范和化解风险的基础建设方面取得长足进步，一套符合我国实际情况的制度设计和风险管理体系保证了商品期货市场的健康发展，这些都为股指期货的推出探索了路子，培养了人才，积累了全面发展金融期货市场的宝贵经验。

四、发展股指期货：我国股市稳定健康发展的必然要求

顺应股指期货发展的世界性潮流和我国股市发展的内在要求，部分专家学者从 1990 年我国股票市场建立不久就曾呼吁把股指期货作为金融创新的首选品种。2001 年，中国证监会正式组织开展了股指期货的可行性研究，但无论是从股票市场规模和结构、投资者构成和相关法律法规，还是从指数编制、市场风险控制水平等各方面情况看，当时推出股指期货的基本条件还不够成熟。

进入 21 世纪，我国股市历经风雨，取得长足发展，市值规模显著增加，股市融资、定价和交易功能明显提高，发展势头强劲，已经成为全球重要的股票市场。与此同时，我国股票市场表现还不尽如人意，“新兴加转轨”特征明显，主要表现在：第一，波动幅度大。自中国股市诞生后，股指犹如过山车般在疯狂与低迷之间循环往复的行情就有十次。例如，最为典型的是自 2005 年 6 月 3 日股市最低探至 998 点之后，一路上扬，并于 2007 年 10 月 16 日达到历史最高点 6124 点。之后又是持续狂跌，2008 年 11 月跌至 1661 点。第二，波动频率高。2000 年至 2004 年，上证综合指数日内波幅超过 3% 的天数与交易日占比分别为 9%、8%、8%、5%、7%；从 2005 年到 2009 年，随着市场容量的不断扩大，该指标各年分别为 7.5%、12%、36%、56%、25%，远远高于前一时期水平。随着股市规模的扩大，这种波动导致的财富损失更加巨大。第三，换手率

高。从1993年到2006年，我国股市平均年换手率为483%，2007年换手率高达818%，2008年为402%，不仅远远高于同年日本145%和我国香港地区94%的水平，甚至高于金融危机发源地美国股市206%的水平。如此之高的换手率，既是应对单边市场剧烈波动的无奈选择，也在很大程度上进一步加剧了市场波动。每一次暴涨暴跌，使多少人欣喜癫狂，又使多少人欲哭无泪，人们一直在思考，有什么灵丹妙药能解决这一循环往复的“魔咒”。

党的十七大明确提出要“创造条件让更多群众拥有财产性收入”。因此，落实党的十七大精神，防范系统风险，稳定社会财富，建设小康社会，促进社会和谐，承载着社会各界的普遍希望，一个帮助股票现货市场健康稳定运行的股指期货市场呼之欲出。

五、重任在肩，股指期货成为我国资本市场稳定健康发展的必然选择

站在资本大国的门槛上，我国资本市场结构和机制不应该长期存有重大缺陷。推出股指期货，保障资本市场的平稳健康发展，股指期货承载着重大的历史使命：

第一，加强基础制度和基础设施建设，健全股票市场内在稳定机制，抑制单边市场。在一个缺乏对冲工具的市场，投资者只能通过单边做多才能盈利，市场无法在多空双方的平等博弈中实现平衡制约。当股票价格上涨到超出合理水平时，由于看空而无法做空，导致泡沫过度累积，并带来随后的大幅调整。在股市非理性下跌之时，有了股指期货，投资者可以利用期货市场“远期展望”进行“期货替代”，变现货交易为期货交易，减少在现货市场上的频繁操作，增强稳定持股的信心，防止系统性风险的扩大和蔓延。因此，股指期货提供的双向交易和风险对冲机制有助于平抑股市频繁、大幅波动，是市场基础制度和基础设施建设之必需。

第二，提供避险保值工具，抑制财富剧烈波动，有效保护各类

投资者利益。我国股票市场、债券市场，乃至金融市场，在规模迅速扩大的同时，一直缺乏基本风险管理工具，市场风险敞口巨大，数十万亿元的金融资产暴露于风险之中，每一次系统性风险带来的价格波动都必然导致投资者财富的严重损失。由于股指期货具有流动性好、交易便捷和冲击成本低的特点，面对市场风险，投资者能够灵活运用避险策略，进行套期保值操作，使各类投资者在剧烈波动中免遭涂炭。推出股指期货，提供市场避险工具，成为保护投资者利益最好的制度性措施。

第三，推动长线资金入市，积极推动机构投资者发展，提升股市核心竞争力。对长线资金的吸纳能力是股市核心竞争力的标志之一。进一步发展壮大机构投资者队伍是促进我国资本市场稳定发展的战略性举措。但是，直到2009年底，我国机构投资者持股市值仅为9.3万亿元，占A股总市值38%，发展严重不足。在风险管理工具缺失的市场中，机构投资者在单边市场“靠天吃饭”，业绩大起大落，市场投资行为呈现“机构投资散户化、长期资金短期化”特征，难以真正发挥对股市的稳定作用。有了股指期货这一避险工具，一方面，机构投资者采取套期保值操作，减少现货市场频繁操作，稳定经营业绩，从而吸引更多长线资金进入——也只有具备了股指期货这一工具，大额长线资金才敢放心地进入股市；另一方面，机构投资者可以运用股指期货的套期保值、套利和其他组合交易策略，形成产品收益和风险特性与客户收益预期和风险偏好相适应的各类投资产品，大大提升业绩水平。

第四，倡导理性投资、长期投资理念，培育先进市场文化。在投资者无法通过避险保值实现风险规避的时候，投资者大多进行波段操作，或者听消息、赌政策，市场只能培育“追涨杀跌”的投机者。通过股指期货进行避险有助于改变市场上的过度投机氛围，改变热衷炒作题材股、重组股的习惯，营造避险文化，让投资者深刻领会到“上涨也有风险、下跌也是机会”，形成长期投资、价值投资、理性投资理念，培育股市先进文化。

一次次的股市噩梦，一轮轮的高点回到起点，我们在市场实践中艰辛摸索，在不断前行中凝聚智慧。经过金融危机的风险洗礼，市场对于上市股指期货、提供避险工具的需求十分迫切：我们应该有一个结构更加完整、内在机制更加健全的资本市场。

自2006年开始，中国证监会适应市场各方和社会各界的要求，开启股指期货上市筹备之路，在广泛借鉴国际经验的同时，针对我国实际情况进行相应的制度和产品设计——在标的指数选择上，按照“安全优先、注重效率”的原则，选择了市值代表性最广、市场认可度高、权重分布好、抗操纵性强、最能反映我国实体经济状况的沪深300指数作为首个股指期货标的。在4年多的筹备过程中，中国金融期货交易所（以下简称中金所）虚心学习借鉴境外市场成功经验，继承商品期货市场的优良传统，广泛听取学术界、市场各类主体的意见和建议，认真反思国际金融危机的教训，以风险控制为重点，完成产品合约设计，制定了一整套适合我国国情、市情的业务规则和制度，并从2006年10月起开展仿真交易，接受全市场检验。

2010年4月，在国际金融危机背景下，国务院审时度势，英明决策，坚定推出股指期货，充分体现了党中央、国务院推进资本市场改革发展的坚强决心。中国证监会党委确定了“高标准、稳起步、强监管、防风险、重功能、促发展”的十八字方针，部署全系统全力以赴做好各项工作，为我国金融期货市场的建设开好局、起好步。中金所坚持“以平稳推出和安全运行为首要目标，严格控制风险，引导投资者有序参与，不追求交易量和活跃程度，逐步发挥市场功能”的上市指导思想，切实做好市场一线监管和投资者教育等各项工作，确保市场平稳运行。

发展和建设我国股指期货市场，不是非正义和非道德的创新异化，也不是虚拟经济的自我服务，更不是个别市场机构的自娱自乐，而是市场相关各方在认真学习和借鉴国际成熟市场发展经验，结合自身实际，特别是吸取痛苦教训的基础上，经过十多年的深入研究、反复论证、认真比对后的审慎决策。上市股指期货，是推动资本市场改革发展的重大举措，来之不易，弥足珍贵。

回顾过去的探索历程，当时，在没有股指期货、市场机制缺失的惨痛现实面前，人们充满期待，关注更多的是它的优点；如今，真正推出并发挥作用之后，人们又赋予它更多理想化的、但其自身并不能实现的功能；甚至有些人是在不了解它的机制和原理，或者进行错误交易遭受损失之后，更多的寻找它的缺点，以至以偏概全、全盘否定。

目前，股指期货发展才刚刚起步，我们应该坚持客观和理性的态度，对它的功能发挥情况进行专业剖析和全面检视。对待这一棵仍处于发育、培养阶段的小树，希望社会和市场各方给予更多的呵护、理解和关心，精心地浇水施肥、修剪除杂，使之更加根深干壮、枝繁叶茂，为资本市场稳定健康发展保驾护航，为我国更加繁荣昌盛的实体经济御寒降暑、遮风挡雨。

回眸股指期货三十年：从金融创新到市场基石

陈　晗

文章导读

股指期货诞生之初，市场各方对于其在金融系统中到底起到什么作用褒贬不一，尤其是在 1987 年股灾中，股指期货饱受指责和批评。但是，随着时间的推移，股指期货对金融市场起到的积极作用已经被越来越多的人认可。股指期货之所以能成为避风港和逃生舱，因为它是以市场指数为标的的标准化合约，既有广泛的市场代表性，又采用保证金制度、具备杠杆属性，这使得参与各方得以用有限的资金维持一个有高度流动性的市场，在极端行情发生时，为避险对冲提供宝贵的平台。这恰恰就是股指期货的魅力所在。

本文原载于 2013 年 12 月 11 日《中国证券报》A5 版。

作者为：中国金融期货交易所副总经理。

中国证券报

1982 年，第一张股指期货合约在美国堪萨斯城诞生，标志着涵盖货币、利率及股票衍生品的场内金融衍生品体系在美国完整建立，期货市场最终实现了从商品期货到金融期货的革命性转变。金融期货的诞生成为现代金融的一个标志性事件。作为金融期货的重要分支，股指期货在随后的 30 年中逐渐风靡全球，发展浪潮遍及主要发达及新兴经济体，成为资本市场最重要的风险管理工具和金融市场基础设施当中不可或缺的重要组成部分。

一、股指期货因风险加剧而艰难破茧

20 世纪 70 年代初期，伴随着布雷顿森林体系解体，美元汇率开始自由浮动，通货膨胀水平急剧提高，利率市场化渐进式推进，债券价格和利率波动加剧，股票市场遭遇了自 1929 ~ 1933 年大危机以来最为严重的冲击。投资者在遭遇市场动荡时缺少避险工具，除抛售外汇、债券和股票之外，别无恰当的金融工具可以利用。当时的芝加哥作为世界上最大的期货市场所在地，其谷物期货为全球市场定价。但是，农产品并非主流金融的组成部分，纽约华尔街对期货交易一直漠不关心，在他们看来，期货交易不过是农场主和食品商的小圈子和专属领域。然而，勇于梦想、敢于创新的芝加哥人提出了疑问：既然农产品期货可以为农产品价格波动提供风险管理和对冲工具，为什么不能发明基于外汇、债券和股票的金融期货，用来管理金融资产价格波动的风险？这一朴素的思想闪耀着人类智慧的光芒，却遭到了华尔街的无情耻笑。

芝加哥勇敢地迈步向前，随后辉煌的创新 10 年是在美国经济的动荡与冲击之下人们为了规避金融风险而进行的积极探索。1972 年，芝加哥商业交易所创建国际货币市场并推出外汇期货；1976 年，芝加哥期货交易所推出国债期货，为外汇和债券持有者提供了风险管理工具和对冲手段。但是，如何为股票组合持有者提供应对股价波动的风险管理工具？

特别报道·A17

回眸股指期货三十年:从金融创新到市场基石

一、股指期货因风险加剧而艰难破茧而出

二、社会对股指期货的认识逐步深化

三、股指期货在全球生根并蓬勃发展

实际上，早在 20 世纪 60 年代就有人提出过股指期货这一概念。埃尔默·福克（Elmer Falker）——喜欢脚穿绑腿鞋、口叼雪茄烟、身材矮小的芝加哥商业交易所（CME）的场内交易员——曾指出股指期货将是“终极”期货合约，他与时任 CME 主席的利奥·梅拉梅德（Leo Melamed）讨论过道琼斯工业平均指数期货的想法，并叹息说“它将永远无法实现，因为你无法交割”。1968 年，曾经当过卡车司机的纽约产品交易所（NYPE）会员默里·博罗维茨（Murray Borowitz）也曾建议推出道琼斯工业平均指数期货，但被美国证券交易委员会否决。尽管思想先驱者们关于股指期货的想法没有立即变成现实，但股指期货这一极富魅力的新产品仍然吸引了许多交易所为之努力。从产生这一设想到 1982 年真正推出，股指期货经过了十多年时间的孕育，克服了观念、法规、监管等方面的障碍。星星之火，可以燎原。在其后的30年间，股指期货作为一项伟大的金融创新和股票市场的基础设施，在全球发达国家和新兴市场均取得了巨大成功。

1977年初，堪萨斯期货交易所（KCBT）聘请斯坦福大学罗杰·格雷博士（Roger Gray）专门从事新产品开发工作。经过认真分析，决定开发股指期货，因为规模庞大的股票市场急需有效的风险对冲和保值手段。1977年10月，KCBT向美国商品期货交易委员会（CFTC）正式提交了报告，提出开发以股票指数为标的的期货产品，来规避股票投资中的系统风险。几乎是同时，CBOT与CME也将目光投向股指期货。历史最悠久、在当时的市场中认可度最高的道琼斯工业平均指数，毫无疑问地成为了标的指数的首选。

由于股指期货没有任何先例，这一设想遭到了普遍质疑，被许多人看作以股票指数进行“赌博”的行为。在使用道琼斯指数问题上，3家期货交易所都未能与道琼斯公司达成协议。“一群期货商竟然想以我们的指数来赌博”，道琼斯公司的管理层完全无法接受这种“荒谬”的想法，断然拒绝了KCBT上市道琼斯指数期货的要求，并表示在必要时将以妨碍名誉罪提出诉讼。几年之后，CME也希望能与道琼斯指数公司合作，同样没有成功。CBOT则认为，道琼斯指数作为一个具有如此高的市场影响力和关注度的股票指数，理应被看作市场的公共资源，推出以道琼斯指数为标的的期货合约不需要道琼斯公司的授权。CBOT认为，道琼斯指数就像是阿司匹林，已经成为没有商标的通用产品，因而在没有征询道琼斯公司同意的情况下上市了道琼斯指数期货。道琼斯公司将CBOT告上了法庭，并且在伊利诺伊州高等法庭胜诉，道琼斯指数被判决为道琼斯公司的私人财产，CBOT被迫撤销已经上市的道琼斯指数期货合约。这场官司直接导致了CBOT股指期货梦想的破灭，直到1997年，CBOT的道琼斯指数期货才再次上市，比第一张股指期货合约出现的时间晚了整整15年。

股指期货产生的另一个障碍在于无法解决期货合约到期交割的问题。股票指数同其他实物商品或金融工具不同，它由一篮子股票组成，商品期货和其他金融期货可在合约到期时交割实物，股指期货则存在困难。这意味着交割若干类型且权重不同的股票组合，对于交易双方来说都是不现实的。1981 年，CME 推出了欧洲美元期货，合约到期时采用现金结算的办法，即交易双方之间建立起一种清算信用。到期时，盈利一方从亏损一方获取收益完成一笔交易的清算。这次革新使股票指数期货的交割难题从操作层面得以解决。

在股指期货诞生前，美国的股票市场与期货市场分别由证券交易委员会（SEC）和 CFTC 分别进行监管。由于股指期货横跨了股票市场与期货市场，一时难以明确监管主体。1981 年，CFTC 与 SEC 就股票指数及股票衍生产品的管辖权达成协议并签署了《Shad – Johnson 协定》，确定美国股指期货及股指期货期权的监管权归 CFTC，SEC 则对股票期权、股票指数期权享有监管权。同时，还规定股指期货合约的设计必须满足现金交割等一系列限制条件。这一协定的签署标志着股指期货市场发展监管僵局的消除，同时股指期货的现金交割“合法化”，从制度层面为股指期货的推出铺平了道路。

KCBT 最终转而与阿诺德班尼特公司（Arnold Bernhard & Company）联手，以它的价值线综合指数（Value Line Composite Index，VLCI）作为期货合约的标的。CME 则将目标确定在标准普尔 500 指数上，于 1980 年 2 月与标准普尔公司达成协议。这两个指数期货合约最终分别于 1982 年 2 月 24 日和 1984 年 4 月 21 日开始正式交易。

标准普尔 500 指数期货在上市后取得了巨大的成功，仅仅 5 个月后，交易量便超过了当时其他股指期货的总和。实际上，标准普尔 500 指数期货的优势不仅在于推出时机，也在于其标的指数的选择。道琼斯指数的计算方法是将成分股的价格进行简单的算术平均，作为一般指标指数，难以真实反映股票组合投资的走势；标准普尔 500 指数则以股票市值为权重，采用加权平均法进行计算，能更好地反映投资者股票组合的表现。虽然这只年轻的股票指数在当时的市场认知度并不高，但颇受机构投资者青睐，而且期货交易有力地推广了标准普尔 500 指数的知名度。道琼斯公司对期货的偏见使道琼斯指数错失了成为第一只股指期货标的的机会，却使市场开始逐步认识和了解标准普尔 500 指数作为投资和交易指数所具备的独特优势。实际上，就套期保值的对冲效果而言，标准普尔 500 指数期货要比道琼斯指数期货好得多，这也是标准普尔 500 指数期货的影响力远胜于道琼斯指数期货的原因所在。

股指期货很快便风靡美国，各大交易所均纷纷推出股指期货。随着美国股票市场的发展，股指期货也在逐渐发生着演变，不断适应新的市场需求。在美国股市 20 世纪 90 年代大牛市之后，标准普尔指数已上涨了大约 5 倍，标准普尔 500 指数期货的面值也相应提升了 5 倍，交易标准普尔 500 指数期货的资金成本也大大增加。1997 年，CME 在原始合约的基础上推出了一个新合约，合约乘数降低至每个指数点 50 美元，也就是后来的迷你标准普尔 500 指数期货。从 1982 年到 2012 年的数据看，标准普尔 500 指数期货的存在并未影响标准普尔 500 指数走势，尤其在 20 世纪 90 年代美国股市大牛市阶段，股指期货成交平稳。在 2000 年新经济泡沫破裂之后，股市进入剧烈震荡期，迷你标准普尔 500 指数期货开始变得广受欢迎，2001 年起就在成交量上遥遥领先于原始标准普尔 500 指数期货合约，目前是全世界成交最活跃的股票指数期货。

二、社会对股指期货的认识逐步深化

股指期货诞生之初，市场各方对于其在金融系统中到底起什么作用褒贬不一。但是，随着时间的推移，股指期货对金融市场所起到的积极作用已经被越来越多的人所认可。这一演变过程大致可以分为崭露头角、饱受指责、重新认识与积极发展四个阶段。

（一）应需而生、崭露头角——股指期货发育的初级阶段（1982～1986年）

股指期货产生初期，受到广大投资者的热烈欢迎，人们在初步感受其规避市场风险能带来的益处时，对更多的金融创新工具充满了期待。由于股指期货是新兴事物及其本身所具有的专业性，参与的机构有限，其对宏观经济的影响程度也无法体现，除了被当作一种风险对冲工具外，人们很难把它与整个金融体系安全联系起来。

（二）饱受指责与批评——股指期货成为1987年股灾的“替罪羊”（1987～1989年）

1987年10月，美国爆发了严重的股灾，人们潜意识中对衍生品市场的害怕与不信任占据了主导地位。美国政府成立了以当时的财政部长布雷迪为首的总统工作小组，对这次股灾进行研究与反思。这一小组于1988年发布的《布雷迪报告》提出了对股指期货的质疑。报告认为，1987年的股市崩溃主要是由指数套利和组合保险这两类交易在股票指数期货和现货市场相继推动而造成的。

1987～1989年间，美国政府还对期货交易所进行了秘密调查，FBI在CME和CBOT的交易大厅都派出了联邦密探。这些密探记录下交易商们在交易席位上、酒吧、餐馆、健身房甚至在家中的谈话。许多交易商被指控参与了范围甚广的欺诈客户、操纵市场等犯罪行为，但在最终审判结束之后，都被证明是捕风捉影。美国司法部对股指期货交易的调查给期货行业蒙上了一层阴影，也催生了更为严格的交易法规和执行条例，股指期货的发展遭遇了瓶颈期。

（三）再认识与新态度——股指期货不是导致金融危机的原因（1990～2000年）

随着时间的推移和研究的深入，大家逐步认识到股指期货和金融危机之间并没有因果关系。金融衍生品本身并没有错，关键是如何进行合理使用和有效监管。多次风险事件的发生使人们感受到了衍生品交易的巨大破坏力，但商业机构本身缺乏有效的内部控制机制才是使其遭遇灾难的主要原因。

1991 年，以诺贝尔经济学奖得主莫顿·米勒（Merton Miller）为首的工作小组经过大量详实的调查，否定了《布雷迪报告》中关于股指期货引致股灾的结论，认为 1987 年的股灾和 1929 年的股市"崩盘"并没有本质区别，都是宏观经济问题累积及股票市场本身问题导致，不是由股指期货市场引起。事实上，全球股市在 1987 年股灾那天都出现了下跌，而跌幅最大的一些股市恰恰是在那些没有股指期货的国家，如墨西哥。同时，学术研究一致认为没有找到波动性和程序交易之间有什么必然联系，指数套利程序交易无需对混乱的市场情况负责。股指期货是标准化的风险管理工具且由交易所或清算所充当所有买方和卖方的中央对手方，透明度高、流动性好、信用风险极低、监管严格，难以成为欺诈的工具，股指期货更不是导致股灾发生的罪魁祸首！

前美联储主席格林斯潘在美国众议院关于 1987 年股灾的一次演讲中曾发表讲话："……许多股票衍生产品的批评者所没有认识到的是，衍生市场发展到如此之大，并不是因为其特殊的推销手段，而是因为给衍生产品的使用者提供了经济价值。这些工具使得养老基金和其他机构投资者可以进行套期保值，并迅速与低成本地调节头寸，因此在资产组合管理中衍生工具起了重要的作用。"

（四）肯定认同与积极发展——股指期货是风险管理的有效工具并对稳定金融市场、化解金融危机发挥了积极作用（2001 年以来）

2001 年发生的"9·11"事件极大程度上促使人们转变了对金融衍生品的认识。面对这样一场突如其来的灾难，全世界都陷入了巨大的恐慌之中，而衍生品的风险管理功能越发显现出重大的现实意义，有效运用衍生品与积极防范风险成为人们的共识。“9·11”事件之后的一个星期，NYSE 股票交易停止，CME 的标准普尔 500 指数期货也暂停交易，但在周一恢复开盘之后，股市由于恐慌因素而难以成交，同时标准普尔 500 指数期货交易量与持仓量均大幅度增加，说明在极端条件下市场参与者对风险管理工具需求强烈。

同样的情况还发生在 2008 年的“次贷危机”中。雷曼兄弟申请破产保护的消息传出后的 9 月 15 日，芝加哥期货市场迷你标准普尔 500 指数期货主力合约交易量从前一交易日的 256 万张激增至 399 万张，至 9 月 18 日达到 601 万张，相当于承载了大约 3 600 亿元的抛盘，对于分流股市抛压、缓解美国股市崩盘式下跌作用显著，客观上起到了稳定市场的重要作用。同时，该合约持仓量也随之大增，9 月 12 日的持仓量约为 109 万张，9 月 15 日增至 155 万张，9 月 18 日则达到了 238 万张。同样，个股期权和股指期权合约的交易也呈现了交易量和持仓量在短期内急剧增长的现象。在 2008 年金融危机中，全球股指期货市场表现尤为出色，不但自身运行平稳，还保持着充沛流动性，充分发挥避险功能，承接大量股市抛压，成为风暴中难得的避风港。事实胜于雄辩，每当市场出现极端系统性风险时，股指期货市场都成为了股票市场的风险泄洪渠和投资者首要的避险逃生通道。2008 年金融危机由次级贷款及不受监管的场外衍生品引发，以股指期货为代表的场内标准化衍生品却充分体现了在风险对冲、稳定市场等方面的积极作用。

股指期货之所以能成为避风港和逃生舱，是因为多数股票市场都上市了几千只股票，一旦发生系统性的恐慌，个股极易发生流动性枯竭的现象。股指期货是以市场指数为标的的标准化合约，既有广泛的市场代表性，又采用保证金制度、具备杠杆属性，这使得参与各方得以用有限的资金维持一个有高度流动性的市场，在极端行情发生时，为避险对冲提供宝贵的平台。这恰恰就是股指期货的魅力所在。

美国前财长萨默斯在2000年3月17日第25届国际期货业年会的演说中指出："在美国经济过去10年的成功发展中，期货业发挥了关键的作用……作为广义金融市场的核心，金融衍生品市场在促进价格的有效发现和分散风险方面发挥着关键的作用。金融衍生品市场是改革的一个重要标志，是促进美国金融体系健全的有力工具。"

格林斯潘曾高度评价金融衍生品："金融衍生品市场的风险对冲功不可没。金融期货具有一种与生俱来的化解各种风险的能力，并将这些风险分配给那些最具有能力且又愿意承担风险的投资者。这种化解和转移风险的过程改善了市场形成各种金融产品价格和资产价格的机制……合理的、非扭曲的金融产品和资产价格信号将有利于促进企业家更合理地分配实物资产资源，从而创造出在消费者看来最有价值的产品和服务。毫无疑问，这一过程提高了生产力，改善了人们的生活水平，金融衍生市场本身的附加值来自提升财富创造过程的能力。因此，不仅单个金融机构对抗内在风险因素的打击能力加强，而且风险的承受面也将拓展，既有银行业系统，又有其他种类的中介单位和机构投资者，整个金融系统也变得更加具有弹性。"

20世纪90年代以来，美国为什么能够成功实现经济转型，引领全球新经济发展并始终保持创新领域的核心竞争力？关键因素在于金融市场的强大支撑和造血功能。美国已经形成了三大金融中心：纽约是以股票、债券、大型银行为主的传统金融中心；旧金山湾区是孵化科技创新的风险资本中心；芝加哥凭借世界级的大宗商品和金融期货市场成为美元资产的风险管理中心。这三大中心携手并举，为企业创新提供融资平台和风险管理平台。美国经验充分表明，融资与风险管理并驾齐驱，才能成为金融支持实体经济转型发展的重要制度保障。

三、股指期货在全球生根并蓬勃发展

经过多年的发展，美国市场上的股指期货品种丰富，已经建立了以标准普尔 500 为代表的大盘蓝筹指数期货、以标准普尔 400 为代表的中盘股指数期货、以罗素 2000 为代表的小盘股指数期货，以及以纳斯达克 100 为代表的新兴产业指数期货等完善的股指期货与期权产品体系。以美国为起点，股指期货在全球范围内得到了蓬勃发展，发达地区股指期货交易的迅猛发展引发了新兴市场的竞相效仿，从而形成了 20 世纪八九十年代以来世界性的股指期货交易热潮。截至 2012 年底，全球范围内在交易所挂牌上市的股指期货合约达到 300 余种，总成交量 26.72 亿张。这一庞大的股票衍生品家族为股票市场提供了多样化的投资标的与避险工具，成为全球金融衍生品市场的重要组成部分。

（一）发达市场的股指期货

CME 的迷你标准普尔 500 指数期货 2012 年成交量为 4.74 亿张合约，排名全球第一。欧洲各主要国家也均有自己的股指期货产品系列，包括英国富时 100 指数期货、法国 CAC 40 指数期货、德国 DAX 指数期货、意大利 MIB 30 指数期货，等等，但最具代表性、成交最活跃的股指期货是德意志交易所集团子公司欧洲期货交易所（Eurex）的欧元区 Stoxx 50（Euro Stoxx 50）指数期货。该指数为在欧元区的多国资本市场上市的 50 只超级蓝筹股组成的市值加权平均指数。这一指数的推出和发展与欧元区的建立息息相关。在欧元区成立前，德国作为欧洲经济大国，其股票在国际市场中广受欢迎。德国在 1988 年推出了 DAX 指数期货。该指数选择德国 30 只蓝筹股作为成分股，具有很高的市场代表性。DAX 指数期货也一直是欧洲最具影响力的股指期货合约之一。然而，随着欧元区的建立，在国际市场上，欧元区越来越多地被看作一个经济共同体，人们的投资偏好也随之发生了改变。Stoxx 50 指数期货逐渐取代了 DAX 指数期货，成为整个欧元区股票市场最重要的股指期货品种。2012 年，Stoxx 50 指数期货的成交量全球排名第三，达到 3. 15 亿张合约，而 DAX 指数期货全球排名第十二位，成交 3 700 万手，仅是 Stoxx 50 指数期货的约 1/10。

在日本，大阪证券交易所（OSE）1988 年上市日经 225 指数期货，同时东京证券交易所上市 TOPIX 指数期货。日经 225 指数和 TOPIX 指数的重大差别在于，前者是成分股价格算数平均指数，后者则是成分股市值加权平均指数，这导致了以二者为标的的期货交易在参与者结构方面的较大差异。目前，日本最受欢迎的股指期货是小型日经 225 指数期货，2012 年总合约成交量高达 1. 3 亿张，全球排名第四。

（二）新兴市场的股指期货

新兴市场在金融期货的发展路径上体现出与发达国家不同的鲜明特点——优先推出股指期货、重点发展股指期货成为新兴市场的普遍规律。20 世纪 80 年代以来，为适应国际金融自由化和资本市场一体化的趋势，增强本地区资本市场对境内外投资者的吸引力，中国香港、新加坡、巴西、韩国、南非、墨西哥、印度、俄罗斯、土耳其陆续上市了股指期货，逐渐形成各具特色的股票衍生品市场体系，推出了在全球范围内具有影响力的成功产品。

中国的香港期货交易所于 1986 年 5 月 6 日推出了著名的恒生指数期货。为了适应不断发展的市场需求，该交易所后来又推出了恒生 100 指数期货、恒生分类指数期货、H 股指数期货、红筹指数期货、股票期货、股票期权等品种。香港地区的股指期货市场发展较早，经历了 1987 年股灾、1998 年亚洲金融危机和香港金融保卫战及 2008 年金融危机的洗礼，也经受了多次波折。目前成交最活跃的仍然是恒生指数期货，2012 年合约总成交量 2 000 万张，跻身全球股指期货成交量排名前三十。

韩国的金融衍生品创新起步晚但发展快，韩国交易所（KRX）于1996年推出KOSPI 200股指期货，短短1年后就上市了KOSPI 200指数期权，均获得了很大成功。2012年，KOSPI 200指数期权交易量保持了长达10年全球排名第一的金融衍生品地位，合约成交量为15.75亿张；在全球股指期货成交量排名中，KOSPI 200指数期货位列第八，合约年成交量达6.2亿张。

股指期货在新加坡的发展历程鲜明地体现出这一产品独特的“非专属性”。在激烈的市场竞争中，以新加坡交易所为代表，许多国家和地区的交易所以增大市场份额、提升国际影响力为目的，争相上市周边地区的股指期货合约。新加坡交易所（SGX）将上市以周边市场股票指数为标的的期货、期权合约作为自己的发展战略，以巩固新加坡的金融中心地位。目前在新加坡交易所上市交易的股指期货系列中，大多数是以其他国家或经济体的股票指数作为标的，包括：标普CNX Nifty印度股指期货、欧元区Stoxx 50股指期货、富时中国A50指数期货、日经225股指期货、MSCI台湾股指期货、MSCI香港股指期货、道琼斯泰国股指期货、马来西亚股指期货及菲律宾股指期货，另外还有反映整个亚洲股票市场的MSCI亚洲APEX 50指数期货。其中，日经225股指期货是新加坡交易所最成功的股指期货合约，2012年合约成交量达2 800万张，远远超过新加坡交易所上市的其他股指期货品种。

股指期货在各新兴经济体中的发展道路各不相同，但在金融市场的创新与发展道路中，不同程度地发挥着完善产品体系、提升股票市场运行质量、增加市场深度与承载力等功能，同时在日益复杂的国际经济环境下，也是各发展中国家保障金融安全的重要战略。股指期货作为基础性的金融衍生产品，已经成为一个产品体系完善、市场功能完备的金融市场不可或缺的重要组成部分。推出股指期货，是金融市场走向开放与创新之路的必然选择，也是金融衍生品市场走向成熟的必由之路。

关于金融期货的一些感悟

惠湄　叶苗

文章导读

与国际市场相比，我们的金融期货不是发展太快，而是太慢。金融期货市场的健康成熟，是服务实体经济的重要条件，是一个国家金融竞争力的重要组成部分。不去满足国内实体经济的避险需求，让中国经济和中国企业手无寸铁直接对阵有着完善对冲避险工具的外国竞争者，实在是不智之举。发展金融期货不是一帆风顺，不能单枪匹马，不可急于求成，“不添乱、能帮忙”——这是我们发展金融期货的原则。

本文原载于2013年12月11日《上海证券报》A3版。

作者分别为：中国金融期货交易所董事会秘书；中国金融期货交易所投资者教育中心员工。

Research 研究·宏观/A3

关于金融期货的一些感悟

记得某年在芝加哥访问，遇到一位美国期货业的资深同行，相谈甚欢。也许是在国内养成了逢人就谈、逮着就问股指期货的“职业病”，十分自然地就问她：假如没有股指期货，你的投资组合会是怎样的结构？对方惊讶地睁大了眼睛，稍作迟疑，摊了摊手说，她从来没考虑过不使用对冲避险工具会是怎样的情形。她的表情仿佛还在说：为什么眼前的中国人会问这样的问题。

从事金融期货工作那么多年，到今天股指期货也已经上市近 4 年，这场谈话却深深地印在脑海里。也难怪，在美国运用期货工具进行避险保值，都已是企业申请银行贷款的必要条件之一了。在其经济体系中，期现货早就如同孪生兄弟密不可分，没有期货的保驾护航，现货市场的流动性和稳定性都难以保障，谁还有工夫去琢磨“假如没有股指期货”这种假设呢？

从上海到芝加哥，飞行距离是 7 000 多公里，但横亘两个社会对金融期货的认识“鸿沟”却更为巨大，其背后是对金融期货的价值判断差异。有感而发，在此想跟诸位读者谈几点感悟。

金融期货是个“舶来品”。1972 年，芝加哥商业交易所（CME）率先推出外汇期货合约。1975 年，CME 推出世界上第一个利率期货合约。1982 年，美国堪萨斯期货交易所（KCBT）开发了指数期货合约，使股票价格指数也成为期货交易的对象。

年轻的中国资本市场对于布雷顿森林体系解体后汇率、利率大幅波动，市场急需管理波动风险工具的历史背景和时代特征存在时间和空间上的巨大盲区。对于金融期货在“1987 股灾”之后经历的“正名历程”，也难有切身体会。甚至直到今天，由于汇率利率市场化进程尚处初期，我们对于滋生金融期货的土壤仍然略显陌生，出现一些质疑是可以理解的。

尽管也历经了多年的股市大起大落，但追涨杀跌的投资文化、期盼救市托市的惯性心理，“新兴加转轨”下的独特语境，都让股指期货这个新生事物面临较为艰难的生长环境。尤其是 2007 年开始的次贷危机，加深了国内许多人士对于金融期货市场的疑虑，将创新等同于“乱象”，将金融期货视为脱离实体经济的“奢侈品”，甚至将其提升到影响国家安全的高度。不过，相比这些波澜壮阔的历史，金融期货遭遇的质疑，若干年后回看，既不是偶然也无法逃避，实在是整个改革转型大潮中再寻常不过的小浪花而已。

所幸对于金融期货的重要性，广大市场主体已有共识。在金融危机风波初定之时，中国资本市场监管层就颇具勇气地推出了股指期货，并在 3 年之后再度推出国债期货，足以令世界赞赏。美中不足的是，金融期货市场建设“导致海外做空中国”，“不利于国内投资者”等某些思维方式虽然与当年国人对电报、铁路的评价相似，但不可否认在现阶段有一定市场，并在一定程度上影响了决策，使得我们在国际竞争中处于不利地位。

“金融创新的本质，在于满足经济发展创造的需求。”可以说，是实体经济发展带来的需求萌发了包括金融期货在内的创新，而这些创新形成市场规模后，又反过来更好地服务实体经济，这是经济发展的必然逻辑。由耶鲁大学管理学院国际金融中心威廉·N. 戈兹曼和 K. 哥特·罗文霍斯特两位教授编写的《价值起源》生动形象地说明了这一点。“我们不知道未来会发生什么，有很多不确定性，所以我们才发明了对冲机制，发明了期货期权来对抗风险。”“这样的制度使得我们能够分担风险，来控制不确定性给我们造成的影响。在这个过程中，通过结构化的风险安排把整个风险分配给那些出价最高的人，整个结构性安排的本质就是配置风险。当然，这一轮金融危机是由风险过于集中所造成的，而不是因为风险分配。”

诚然，如果可以不理会日新月异的外部世界和经济需求，单纯“田园牧歌”似的经济体系却也看似平静而美好。电话的铃声打断了吟诗的思绪，火车的轰鸣冲淡了牧童的笛声，期货市场表面的波谲云诡也让习惯传统金融的人感到不安。金融创新在改变我们生活的同时，也让我们失去了一些东西，甚至可能会加剧人性的贪欲，使得创新“违背初心”而走向异化之路。从不同的价值尺度判断，其结论见仁见智。但是，从国际竞争和国内资源配置层面来看，不同的选择意味着截然不同的结局。正如工业革命时代拒绝坚船利炮，死守弓马骑射，较量的结局已尽人皆知。在金融创新的时代犹疑观望，不去满足国内实体经济的避险需求，让中国经济和中国企业手无寸铁直接对阵有着完善对冲避险工具的外国竞争者，实在是不智之举。对于金融期货，正确的做法是“取其利，限其弊”，而不是将可能的风险束之高阁。殷鉴不远，来者可追。

“两岸猿声啼不住，轻舟已过万重山。”十八届三中全会发布的《中共中央关于全面深化改革若干重大问题的决定》描绘了金融改革的蓝图，提出要让市场在资源配置中起决定性作用，“健全多层次资本市场体系，推进股票发行注册制改革，多渠道推动股权融资，发展普惠金融，鼓励金融创新，丰富金融市场层次和产品”。这些改革自然包含了期货市场的建设在内。未来十年中国金融期货市场的建设和发展，前景毋庸置疑。

不可否认，在质疑批评金融期货的声音中，有不少真知灼见，例如：各界人士对国家金融安全的思考，对期货杠杆效应的担忧，对衍生品监管是否得力的追问。更有人直言中国资本市场应从西方金融危机吸取教训，避免背离金融服务实体经济的本原。这些争议原本就是市场发展不可或缺的组成部分，是市场人士深夜蹙眉、忧思难忘、奋笔疾书的拳拳之心。我们有对金融期货市场的坚定信心，不代表无视其蕴含的风险，更不能对批评质疑视而不见。资本市场的群体之复杂，利益之纠结，矛盾之尖锐，影响之广泛，都注定发展金融期货不是一帆风顺，不能单枪匹马，不可急于求成，而是应抱着如履薄冰的态度。“不添乱、能帮忙”——这是我们发展金融期货的原则。

所谓“不添乱”，是指金融期货要牢牢守住不发生系统性风险的底线。仅举几个通俗易懂的例子吧，比如完善的风险隔离制度实现了市场风险隔离。2006 年，监管层单独组建了中国金融期货交易所来从事股指期货交易运作业务，股票的现货交易则是在沪深交易所进行，从交易所的层面进行了隔离，达到专业化管理的目的。投资者也需要专门开立相关的金融期货账户，保证市场风险的相对隔离。再比如，中国金融期货交易所（以下简称中金所）是境内唯一实行会员分级结算制度的交易所。通过提高结算会员的资格标准，实力雄厚的机构才能成为结算会员，其他不具备结算会员资格的交易会员必须通过结算会员进行结算，这一做法有效控制与分散了市场风险，提高市场整体的抗风险能力，防范系统性风险，为股指期货和国债期货的安全上市和平稳运行提供了制度保障。同时，中国期货市场独特的保证金监控中心这一制度设计，能有效保护投资者的资金安全，配合监管部门处置风险事件。可以说，金融期货的上市，依循的都是“最严的标准”，是“戴着镣铐跳舞”。

总的来说，在股指期货上，成功引入现金交割、分层结算、适当性制度、跨市场监管等制度及措施，有效防范、隔离和化解风险，没有出现强平、强减等情形，交割期间期现货市场价、量均保持平稳，没有出现“上蹿下跳”的“到期日效应”，这些都是“不添乱”的具体表现，就不再一一赘述。

很多人担心外资利用金融期货危害国家金融安全，对此也有必要谈谈。目前，合格境外机构投资者（QFII）是外资运用股指期货的主要方式，监管层对 QFII 投资股指期货有严格的限制，对其金融期货账户有严格的监管，其在期指持仓所占比例也很小。另外，QFII 参与国债期货尚需一定时间，即便参与也将面临严格的监管。

事实上，金融市场的对外开放是大势所趋，一个各方都能透明、公平、公正参与的，完善有效的风险管理市场体系，才是国家金融安全的“防火墙”。相反，将整个中国实体企业暴露在各种风险敞口中，将整个中国资本市场置放于单边市场体系中，才是真将国家金融安全置于“火力点”，才会真正招致外界的挑战。再试想，没有股指期货，那么一旦境外市场抢先上市更多中国指数概念的股指期货产品，我国金融市场话语权就有旁落的危险。操诸于人，无权置喙，操诸于己，悉心培育，哪个更有利于我国的金融安全？答案不言而喻。

对于金融期货发展是否会过度的担忧，我们应把握好“场内”和“场外”这个最基本的度。大家担心“法兴银行”事件、“中航油”事件等重大风险，这些风险事件的肇因主要是不受监管、透明度差的复杂场外衍生品。这些过度发展的场外衍生品容易导致不透明的交易，并引发难以估量的连锁反应，往往成为专业能力不强、风险意识较弱的中国企业的“滑铁卢”。相比来看，场内市场的标准化合约、集中清算交割、公开交易、监管严格、流动性好等特点，恰好能杜绝以上事件的发生，甚至在真正的危机到来时，还能起到分散风险、平滑波动的作用。我们积极发展的金融期货市场是场内市场的重要一环，它越健康、越成熟，中国经济和中国企业在重大风险来临时的“抵抗力”就越强。

对于场外衍生品在国内的发展，则要未雨绸缪，提前布局，引入场内清算，加强规范和监管。“合抱之木，生于毫末”，此时正本清源，才能促其健康成长。

再说个小故事。有一天，我打算开车外出，猛然发现车辆保险已经过期了。于是思想斗争了一番，是为了方便继续开车上路，还是为了安全打车出行。继续开车上路，万一出现自己无法承担的风险，那后果是无法设想的。于是，在重新上保险之前的那段日子里，我基本上就老老实实地打车，乖乖地做个乘客，图个心里踏实。

试想，一个保险过期的车主尚且惴惴不安，换成一个缺乏避险工具和产品的资本市场呢？那无非是两种结果：一是像我那样“胆小谨慎”的人多，大家都不去碰、不去玩，“把车闲置在车库里”，整个二级市场的流动性受到削弱，从而影响市场功能的正常发挥。二是“胆大妄为”的人多，大家纷纷开着没有保险的车上路，既不减速也不提防，一旦发生意外，负伤累累，只能自吞苦果，最后反过来又是责怪车的质量，又是迁怒交警指挥不利。两种结果，最终既伤害了现货市场，又伤害了投资者自己。

深交所关于投资者结构与行为的分析显示，投资者的非理性因素助推了股市波动，以散户为主的中国股市这种现象更加明显。实证表明，低价股、绩差股、高市盈率股和 ST 股的持有者与交易者主要为中小个人投资者。个人投资整体呈现的投机倾向较强。2011年，个人投资者的平均持股期限只有机构投资者的 1/5 左右。学术界对非理性投资行为助推股市价格波动和泡沫形成的机理也有理论和实证证明。特别值得注意的是，中小投资者的投资跟风现象突出，容易形成群体性行为，引起股价暴涨暴跌。在 6000 多点的时候散户纷纷入场，1600 点的时候割肉的又大多是散户，市场波动幅度越大，中小投资者损失越大。

从长远看，只有降低股市波动，使股市估值水平保持在一个相对合理的水平，通过长期持股获得分红和企业成长的收益，才能在股市中获得良好的收益，也才能培育投资者的理性投资文化。

股指期货推出后，股市长期波动率显著降低，2006 年股市年化波动率为 22.20%，2007 ~2009 年股市暴涨暴跌，波动率大幅上升，分别达到 36.66%、48.26% 和 32.53%，股指期货上市的 2010 年回落到 25.04%，之后到 2013 年的 3 年间维持在 20% ~23% 的水平，分别为20.58%、20.35%和23.45%。这其实已说明，股指期货在客观上加大了散户的胜算，间接地服务了散户。

我们都很难直接体会，今年在路上开车比去年更安全了。同样，很多投资者在主观上还感觉不到股指期货带来的好处，这也并不奇怪。相反，尽早、尽快、尽可能多地让国内广大投资者分享和使用金融期货的避险功能，是市场组织者和中介机构的责任。

必须说明的一点是，不是直接操作股指期货，才算进行了避险。从实践情况看，股指期货市场依靠适当性制度把关，从1.3亿股票有效账户、78万期货客户中筛选出仅仅16万有资金、有知识、有经验的客户参与股指期货交易。这确实把很多投资者挡在了门外，引发了一些误解，但没有让大量不适合参与的散户盲目入市造成损失，对维护市场安全平稳运行、保护中小散户利益起到了积极作用。

期货本身是零和游戏，不存在股市的财富效应，没有普遍赚钱的可能。好比泳池分为深水区、浅水区，有人可以到深水区游泳，有人则要在浅水区游，这不是不公平，而是诚心保护。中小散户可以买基金、买集合理财产品，更多通过中介机构理财服务的形式，间接分享股指期货的发展成果。

2003年，我在华尔街参观一家基金，对方饶有兴致地介绍了一款中国概念基金，于是就好奇地问他们，你们的大多数客户应该跟A股八竿子打不着吧，为啥要费心费力设计这么个产品呢？对方说，因为一些美国企业在中国有业务，他们有这方面的投资需求，我们就要尽量满足。后来听说这款基金销售得很不错。

如果现在国内机构能够意识到广大投资者对避险工具的迫切需求，尽可能推出满足各层次需求的产品，那么股指期货能造福的范围将越来越广。当然，进一步完善交易制度、推出更多品种、降低交易成本、提升市场效率，为机构设计推广各类避险产品创造一个良好环境，中金所责无旁贷。

每念及那位美国同行的惊讶表情，念及与成熟市场的巨大差距，就有一种“时不我待”的急迫感，但我们也应有自信，一个曾经害怕质疑铁路的国家，如今高铁里程不也是全球第一了吗？只要走对了方向，下定了决心，中国任何一个领域所蕴藏的潜力都是惊人的。对于金融期货市场建设，“实践发展永无止境，停顿和倒退没有出路”，以此与诸位读者共勉。

中国金融期货交易所
China Financial Futures Exchange

功 能 发 挥

股指期货全面实现上市初衷

张慎峰　张晓刚　蔡向辉　范玉良

文章导读

经过努力探索，承载光荣使命，沪深300指数期货于2010年4月16日上市。三年半来，股指期货市场健康成长，功能逐步发挥，成功嵌入资本市场：一是服务服从于现货市场，高度拟合未“跑偏”；二是“减震器”作用显现，增强股市稳定性；三是成为财富管理“保险单”，投资安全更有保障；四是助推机构入市、产品创新，提升股市核心竞争力；五是催熟先进投资理念，净化股市投资文化。

实证数据表明，股指期货上市后，风险可控，股市更稳，机构更活，理念进步。三岁半的股指期货已全面实现上市初衷，圆满完成“高标准、稳起步”的预定目标，成为股市风险的泄洪渠、投资者避险的逃生舱，服务资本市场发展全局的积极作用日益显现。

可以说，我国金融期货市场顺利起航，资本市场发展完善再进一步。

本文原载于2013年11月18日《上海证券报》头版。

作者分别为：中国金融期货交易所党委书记、董事长；中国金融期货交易所研发部总监；中国金融期货交易所投资者教育中心副总监；中国金融期货交易所博士后。

Shanghai Securities News
上海證券報
股指期货全面实现上市初衷

经过努力探索，承载光荣使命，沪深300股指期货于2010年4月16日上市。截至2013年11月15日，市场安全平稳运行867个交易日，顺利交割43个合约，累计开户16.31万户，累计成交3.70亿手，累计成交额达284.03万亿元，在全球股指期货中成交排名第五位。三年半来，股指期货市场健康成长，功能逐步发挥，成功嵌入资本市场。

一、服务服从于现货市场，高度拟合未“跑偏”

打铁先要自身硬。股指期货市场坚持“高标准、稳起步”，认真走好开局三步棋，不片面追求交易量和扩张速度，努力服务服从于现货市场发展。

第一，期货始终围绕现货价格波动，没有偏离现货走出独立行情。三年半来，二者高度拟合，价格相关性高达99.89%，收益率相关性也达到94.59%，基差率处于1%以内的交易日占95.62%。期货价格相对偏高，正基差天数接近64%，开盘及收盘高于现货价格的交易日比例分别达到73.47%和63.55%。

第二，持仓量、成交量稳步增加，反映出市场旺盛的需求和良好的承载能力，使得套保交易得以顺利开展。受股市调整、避险需求增加、投资者入市加快等因素影响，2013年市场交投活跃，其中1~10月累计成交1.62亿手，同比增长106.17%，累计成交118.13万亿元，同比增长105.20%，分别占全国期货市场的9.27%

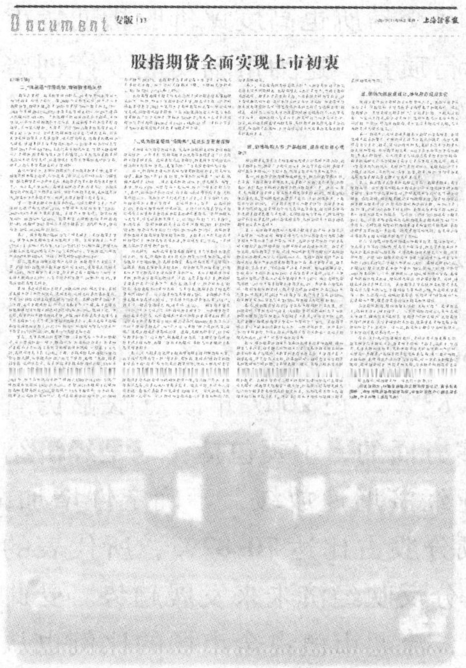

股指期货全面实现上市初衷

和52.40%。

第三，市场运行质量稳步提升，成熟度不断提高。成交持仓比日趋下降，从初期最高26倍降至目前的5~8倍。市场深度日渐提高，主力合约买卖五档深度分别从2010年的132.19手和117.59手提高到2013年的193.35手和192.02手，增幅分别为46.27%和63.29%。买卖价差逐年减小，主力合约买卖价差从2010年的0.34点下降到2013年的0.26点，降幅为23.53%。冲击成本不断降低，以成交1 000万元资金造成主力合约价格变化为例，从2010年的0.52点下降到2013年的0.13点，降幅为75%。市场交易结构不断优化，套保套利交易及持仓占比稳步提升，2013年至今套保交易及持仓占比相比2010年分别增长138.71%和117.54%，套利交易2012年才正式起步，但2013年至今交易及持仓占比已分别环比增长233.73%和329.55%。

第四，制度严谨，风控严格，管理有效。成功引入现金交割、分层结算、适当性制度、跨市场监管等制度及措施，有效防范、隔离和化解风险，没有出现强平、强减等情形，交割期间期现货市场价、量均保持平稳，没有出现“上窜下跳”的“到期日效应”。

三年半来，股指期货市场自身运行安全平稳，没有“添乱”，成熟稳健的出色表现赢得了社会认可，甚至被媒体冠以“早熟”二字。世界银行和国际货币基金组织评估团、世界交易所联合会评估团、芝加哥商业交易所、芝加哥期权交易所、纽约泛欧交易所、德国证券交易所集团等境外金融组织及交易所也高度评价股指期货市场严格的风险管控和不断提升的运行质量，这为市场功能发挥创造了条件、奠定了基础。

二、“减震器”作用显现，增强股市稳定性

股指期货上市前，我国股市波动剧烈，20 年当中先后有较大的“过山车”行情十余次。自 2007 年大牛市之后，股市总体呈调整态势，持续低迷，其中 2010 年沪深 300 指数下跌 12.51%，2011 年下跌 25.01%，2013 年至今已下跌 6.83%，距 2007 年高点跌幅仍有 60.10%。产生这种情况的原因是多方面的，主要包括：一是经济结构调整力度加大，主流和骨干行业经济增速放缓，不确定性增加，尤其是沪深 300 指数中传统行业成分股占比达 70.82%，所代表的周期性行业已经过度成熟，不能充分反映经济未来发展趋势。受此影响较大，指数表现很难令人满意，流通市值占全市场的比例也从 2010 年的 70% 以上下降到 2013 年的 64.74%。二是利率市场化加速，可供选择的理财工具增加，股市相对吸引力下降明显。三是股权分置改革制度性成本的正常支付，流通市值扩大导致市场价值中枢下移。四是上轮大牛市暴涨后的正常回归。

在这个背景下，上市股指期货不是要改变股市走势，也不可能改变股市根本走势，恰恰是为了防止过去的“过山车”行情重现。股指期货是一个中性工具，不能指望有了股指期货就变熊为牛、一路上涨，也不必担心股市自此跌得下去、涨不上来。股指期货的宏观稳定作用有目共睹，有助于抑制单边市，减缓过度涨跌，提高股市内在稳定性。对此，实践数据予以充分肯定。

第一，股市长期波动率显著降低。以股指期货上市三年半往前反推同期间对比，2006 年股市年化波动率为 22.20%，2007 ~ 2009 年股市暴涨暴跌，波动率大幅上升，分别达到 36.66%、48.26% 和 32.53%，股指期货上市的 2010 年回落到 25.04%，之后到 2013 年

的3年间维持在20%～23%的水平，分别为20.58%、20.35%和23.45%。

第二，股市短期大幅波动天数明显减少。股指期货上市后，股市大幅波动的交易日数明显下降。上市前后各三年半的情况（2006年9月1日～2010年4月15日与2010年4月16日～2013年11月15日）相比较表明，沪深300指数上涨超过2%的天数从156天降到63天，下跌超过2%的天数从147天降到58天，降幅分别达到59.62%和60.54%。

第三，股市波动极值范围大幅缩小。股指期货上市前三年半，沪深300指数单日最大涨幅达到9.34%，单日最大跌幅达到9.24%。股指期货上市以来，指数单日最大涨幅为5.05%，单日最大跌幅为6.31%，比上市前分别下降了45.9%和31.7%，市场波动范围明显缩小。

第四，单边市特征改善明显，涨跌转换加快、幅度变小。我国原来股市单边市特征明显，连涨连跌、超涨超跌，甚至暴涨暴跌。沪深300指数数据最远可追溯到2002年，在股指期货2010年上市前，最长出现连续10个月上涨和4个月下跌，最高连续月涨幅和连续月跌幅分别达到203.47%和40.69%。股指期货上市之后，股市单边市持续时间变短，沪深300指数最长出现连续4个月上涨和3个月下跌，且连续涨跌幅度不大，最高连续月涨幅和连续月跌幅分别为31.87%和16.26%，比股指期货上市前分别下降了84.34%和60.04%，股市运行态势更加平稳。

第五，股市系统风险有所下降。系统风险与个股风险相对，是股票风险的一部分，即由经济、政治和社会等外部市场因素而非上市公司自身因素解释的部分风险，一般在0～1之间，成熟市场大多在0.1～0.2左右。系统风险无法通过组合投资分散化解，入市就要承担，“选对了股票、看错了大盘，结果仍亏钱”说的就是它。我国股市系统风险相对较高，2009年为0.4412，个股同涨同跌、走势趋同的倾向较显著。股指期货管理的直接对象就是股市系统风险。期指期货上市后的2010年和2011年，股市系统风险分别下降到0.4200和0.4090，环比下降幅度分别达到4.83%和2.62%。尽管2012年股市系统风险环比略有提高，达到0.4263，但仍低于2009年的水平。2013年以来，股市系统风险降至0.3170，创金融危机后的新低，比2009年下降了28.17%。从股指期货上市前后各一年、两年、三年及三年半的情况比较来看，股市系统风险都在下降，下降幅度分别为5.78%、16.92%、10.81%和5.43%。

股指期货的股市稳定作用也得到了国际国内学术界的研究认可。例如，毕业于美国康奈尔大学、现就职于厦门大学的韩乾等学者于2012年运用基于面板数据的政策评估方法研究发现，排除其他因素影响，沪深300股指期货上市近3年来显著降低了股市波动率，降幅在25%左右，相关论文发表在国际顶尖学术刊物《Journal of Futures Market》上，进一步佐证了沪深300股指期货促进股票市场稳定的作用。

三、成为财富管理“保险单”，投资安全更有保障

波动是消灭财富的“绞肉机”，完善避险机制是对投资者的最有效保护。三年半来，股指期货日益成为各类投资者广泛使用的风险管理工具。投资者实现灵活避险，既是股市宏观稳定性增强的微观基础，客观上更直接提升了各类投资者的安全感。

第一，机构投资者利用股指期货有效避险减亏，实现稳定经营。截至2013年11月15日，市场共有机构客户190家，机构产品账户1 359个，开设交易编码1 848个，涉及证券、期货、基金、信托、合格境外机构投资者（QFII）、保险六大类机构，除银行外基本都已参与。其中，证券公司参与较深，行业近八成公司已经交易，是机构中的主力。机构客户日均成交1.2万手，占全市场的1.4%，但持仓量较大且稳步提升，日均持仓3.5万手，占比达到

27.6%，已经成为市场的中流砥柱。机构可以根据监管机关制定的参与政策和自身的业务需求选择开展套期保值、套利和投机三类交易，目前以套期保值为主。以2013年11月15日为例，机构套保、套利和投机交易占比分别为18.28%、44.23%和37.49%，持仓占比分别为51.95%、26.09%和21.95%。机构投资者合理运用股指期货管理现货风险，在股市三年半来总体下跌的情况下，避险减亏效果显著，累计减亏172亿元，一定程度上抵补了现货资产损失。

与此同时，机构投资者利用股指期货并没有影响股票市场涨跌。首先，机构投资者利用股指期货进行套期保值必须与现货头寸相匹配，不能超量做空，其目的和结果只是降低市值损失，不改变其净多头的属性。综合期现货损益来看，机构不会也不可能因为做空而获得高额利润，不会出现股票市场下跌、机构投资者暴利的情况。其次，从交易行为上看，机构投资者套保具有“交易量少、不集聚，报单量小、限价单为主”的特点，不会额外影响股市涨跌。三年半来，机构套保日均成交量不到6 000手，仅占全市场交易量的1.28%。套保账户平均单笔报单量只有4.32手，市价单平均报单量也只有3.94手，仅为买一档位平均深度21.64手的18.21%，一般不会击穿买一档位，“没有主动往下边的档位伸手捞单子”，不会对市场价格造成额外打压。机构套保账户日均市价报单只有649手，不到市场全部交易量的0.04%，限价单占到80.60%，套保总体上倾向于被动等待成交，除“光大8·16事件”极少数情况外，客观上没有主动成交并影响价格。最后，在极端行情下，由于股指期货提供了“逃生舱”，机构投资者避免了在现货市场进行集中恐慌性抛售，减缓了股市下跌幅度，实际上也保护了各类投资者利益。

第二，个人投资者运用股指期货同样取得积极避险效果。适当性制度筛选了一批“有资金、有知识、有经验”进而有风险承受能力的“精兵”参与到股指期货市场，确保入市投资者了解产品、熟悉规则、明晰风险，也能够更充分、更恰当地利用股指期货、发挥市场功能，将保护投资者合法权益落到实处。这些开户个人投资者与机构投资者一样，可以进行套期保值、套利等各类交易，很多人也从中获益良多。截至本文发稿，单个个人投资者通过套保交易最多实现减亏 7 200 万元。实践证明，无论是机构还是个人，绝大部分的套期保值或套利交易者都取得了较为满意的绩效。

第三，不具备高风险承受能力的个人投资者经适当性制度基本实现风险隔离。股指期货是工具，不是资产，作用是避险，不是投资。期货本身是零和交易，不存在股市的财富效应，没有普遍赚钱的可能，利用不当反而容易放大风险。投资者适当性制度坚持贯彻落实“将适当的产品销售给适当的投资者”的理念，从源头上避免大部分没有风险承受能力的个人投资者盲目入市。劝阻这些人盲目入市，就是对他们的最大保护。当然，我们也将随着市场的发展，与时俱进地调整完善适当性制度，加快新产品供给，努力通过适当方式妥善满足各类投资者的避险需求。

四、助推机构入市、产品创新，提升股市核心竞争力

股指期货完善资本市场基础制度建设和基础产品供给，健全了避险机制，推动了长期资金入市，加速了产品创新，推动了理财业务多样化、个性化发展，提升了股市吸引力和竞争力。

第一，股指期货提升股市吸纳能力，加速长期资金入市。在美国，与股指期货市场诞生、发展相伴生的是养老金、保险基金、共同基金等机构长期资金的持续稳定入市。过去 60 年里，长期投资者贡献了美国股市新增资金的 44.4%。截至 2013 年第二季度末，它们持有的股票资产达到 13.52 万亿美元，占美国股市的 45.97%。正是因为有了股指期货避险，长期资金投资安全性提高，才会倾向于增大股市投资力度，这对股票市场长期健康稳定发展至关重要。在我国股指期货市场上，两家保险公司参与效果良好，以社会保障

基金、保险公司等为代表的长期资金正在加速进入。

第二，股指期货为理财产品设计提供了新思路，显著提高产品绩效。证券公司、期货公司乃至部分私募基金利用股指期货对冲手段设计了基于套利、保本、流动性管理和绝对收益策略的理财产品，针对性强，得到市场普遍接受和欢迎。据不完全统计，股指期货上市后，超过10%的新发行的理财产品都会使用股指期货，目前总数接近400只。使用股指期货的产品业绩效果全面好于未使用股指期货的产品，券商资管产品、股票型基金、基金专户、阳光私募产品莫不如此。万得（Wind）数据显示，2010年4月以后成立的1 851个券商资管产品中，198个使用股指期货的产品成立以来净值增长率为2.67%，而未使用股指期货的1 653个产品净值增长率只有0.24%。某证券公司设计的一款利用股指期货进行风险管理的集合理财产品，2011年3月14日成立，到2013年11月8日，累计净值上涨15.83%，而同期沪深300指数下跌29.27%，超额收益率达到45.1%。

第三，股指期货带动ETF等证券市场创新产品发展。股指期货的上市极大地促进了180ETF等创新产品交易的活跃和份额增长，股指期货上市后的第一个月，市场中ETF总的成交金额就较股指期货上市前一个月增长了80%。股指期货的上市还为证券公司在经纪业务、二级市场投资、做市商业务、跨市场套利、个性化指数产品设计等方面带来了新的盈利模式和机会，提升了证券市场运行效率。

第四，股指期货成为融券业务顺利开展的重要保障。股指期货上市以前，由于缺乏风险对冲工具，证券公司不愿承担融出券的价格下跌风险，不敢贸然推进融券业务，无法满足客户融券需求。有了套保工具后，证券公司可以通过卖出股指期货来规避市场下跌风险，业务模式得以确立，参与积极性大为提高，促进了该项创新业务的顺利开展。

第五，股指期货推动机构投资者积极参与定向增发。有了股指期货，机构投资者可以对定向增发股票组合进行主动性套期保值，规避锁定期股票下跌风险，从而获得定向增发股票发行折价较多带来的低风险稳定收益，机构投资者参与定向增发的积极性大为提升，对证券市场融资功能的增强起到了良好的促进作用。

五、催熟先进投资理念，净化股市投资文化

股指期货为投资者提供了风险管理工具，也对投资者在投资参与方式、持股结构、投资理念等方面带来了积极影响。通过套期保值，投资者深刻领会到"上涨也有风险、下跌也是机会"，多空不是问题，价值才是核心，原来充斥市场的炒题材、炒重组、炒消息的局面逐步改善，股票市场投资文化得到净化。三方面转变正在悄然发生：

第一，推动个人投资者从直接参与向间接参与转变。我国理财产品总体匮乏，百姓理财需求得不到充分满足，而个人投资者由于资本、经验、技巧和时间所限，直接参与股票和期货交易往往也很难获利。股指期货的上市加速了资本市场投资者机构化、专业化的趋势。个人投资者可以通过将资金委托给机构、购买机构理财产品等间接方式分享资本市场发展成果，既减少了自身承担的风险，又增加了获利的可能性，投资者权益得到更好的保护。与此同时，证券、基金、期货、信托、保险等各类机构财富管理业务也都处于大发展之中。

第二，推动股市投资者从短期交易向长期投资转变。有了股指期货，投资者无须随着短期因素和市场情绪频繁调整股票持仓，即便是股市下跌时也可以安心持股、稳定持股。股指期货可减少股票现货市场抛售压力，使得坚持价值投资理念切实可行，投资周期由短期转向长期。例如：2013 年 6 月 24 日，沪深 300 指数下跌 6.31%，套期保值业务开展较深入的证券公司不但没有大幅抛售，

反而买入沪深300指数成分股近20亿元，未参与套期保值的其他机构投资者则出现约60亿元的净卖出。使用股指期货的机构投资者更加坚定价值选择，在股指期货上市后进一步提高了持有蓝筹股的比例，甚至有证券公司将蓝筹股的持股比例从原先的20%逐步提高到80%。

第三，推动股市参与者由投机向投资转变。股指期货的上市完善了市场运行结构，带来了平衡力量，改变了原来单边市场上只能投机获利的局面，使得投机转向投资成为可能。从全市场看，沪深300指数成分股日均换手率均值从上市前三年半的1.85%下降到上市后三年半的0.56%，降幅达到69.73%，沪深300指数成分股年换手率从2008年的3.19倍下降到2013年以来的1.17倍，降幅达到63.32%，股市过度交易、高换手率的特征明显改善，投机属性减弱、投资属性增强。同时，通过正反馈模型研究发现，股指期货上市后股市正反馈交易系数从前三年半的4.21下降到后三年半的3.95，抑制效果系数为-0.49，且具有一定的统计显著性，说明股市“追涨杀跌”的交易倾向下降，投资者交易行为出现系统性好转。

实证数据表明，股指期货上市后，风险可控了，股市更稳了，机构更活了，理念进步了。三岁半的股指期货已全面实现上市初衷，圆满完成“高标准、稳起步”的预定目标，成为股市风险的泄洪渠、投资者避险的逃生舱，服务资本市场发展全局的积极作用日益显现。可以说，我国金融期货市场顺利起航，资本市场发展进一步完善。

当然，我们也必须清醒地看到，实现初衷远非发展目标。股指期货上市时间不长，发育程度有限，产品少，承载多，负担重，充分发挥功能作用、完全撑起历史重托还需要一个过程。必须进一步拓展产品体系的丰富度和覆盖面，使之由点到线、由线到面，最终形成产品网络立体结构，进一步完善套保套利制度、促进持仓增长、优化市场结构，大幅提升机构投资者参与的广度和深度，进一步广泛凝聚社会共识，形成市场各方与社会各界合力推进发展的良好局面。

任重道远，但前途光明。让我们一起努力！

股指期货成为股市“稳定器”

张慎峰

文章导读

我国的股指期货推出至今，持续健康成长，功能逐步发挥，对股市只帮忙、不添乱。从全球经验和中国股指期货的设计及运行情况看，股指期货是股市的“稳定器”，并非外资做空中国的工具。只要市场的制度健全、规则完善、监管有力，中国就能避免被恶意“做空”。第一，从交易机制看，股指期货的双向交易机制是资本市场基本制度，对完善股市内在稳定机制、奠定股市健康发展基石，具有十分重要的意义。第二，从防操纵的角度看，操纵之所以得逞，主要是宏观经济恶化、监管体制漏洞、产品自身缺陷，以及操纵者在信息、资金、手段等方面的优势等因素造成。第三，从我国的情况看，也没有利用期指进行操纵的可能性。中国金融监管总体审慎严格，外资参与的规模也有限，利用股指期货打压股市不现实，且中国股指期货的设计汲取了全球市场经验，实行严格审慎的风险管理制度，有效控制了市场风险。

本文原载于2014年第6期《财经》周刊，出版时标题略有改动。

作者为：中国金融期货交易所党委书记、董事长。

股指期货上市以来，促进投资者避险保值等作用日益凸显，但由于中国股市持续低迷，有人怀疑股指期货是境内外机构操纵、做空中国股市的工具。

事实上，双向交易是资本市场的基本制度，是最普遍的风险管理工具，全世界不论发达国家，还是新兴市场国家，基本都建立了与股票市场相匹配的股指期货市场。

中国建设股指期货市场，目的在于完善股市内在稳定机制，夯实股市平稳运行基础，为投资者提供管理风险的工具。从全球经验和中国股指期货的设计及运行情况看，股指期货绝非做空中国的工具。

一、双向交易

股指期货与“裸卖空”是完全不同的两个概念，两者在运行机制上具有明显区别，不可混淆。一方面，“裸卖空”主要是指股票单向卖空，而股指期货实行双向交易机制，多空对立统一，天然均衡，不可被片面地视为做空工具。在金融危机及欧债危机中，很多国家采取了限制股票“裸卖空”措施，但从未限制股指期货运行。另一方面，“裸卖空”存在明显缺陷，容易沦为市场操纵工具。传统的卖空是指交易者预期股价将下跌时，从经纪人手中借券卖出，然后在一定时间内买入股票归还的行为。“裸卖空”则指卖空者在借入股票之前就已向买方出售了手中根本没有的股票，且只需在规定的T+3结算日前买入股票交付，从而为卖空者提供了可以延后交付股票的3天空档机制。这种“先行卖空”机制在中国被完全禁止，但在美国起初并不违法。

美国证券监管机构此前也很少对这类交易施以严格监管，甚至一些“裸卖空”者在超出T+3结算日未能借入股票交付买者，也仍能继续交易一段时间。滥用“裸卖空”并对股价进行操纵的行为容易造成股市价格剧烈波动，极易引发市场系统性风险。

与之相比，股指期货是标准化的避险工具，市场参与者既可以买多，也可以卖空，从而建立起期货头寸。其在交易机制上并没有类似“先向买方出售手中没有的合约”的问题，也不存在延后交付的空档机制，因而与“裸卖空”完全不可相提并论。正因为如此，在2008年金融危机恶化时，美国证券交易委员会对“裸卖空”采取了“零容忍”的态度和措施，而美国商品期货交易委员会对股指期货并未施加任何限制。

股指期货的双向交易机制是资本市场基本制度，对完善股市内在稳定机制、奠定股市健康发展基石具有十分重要的意义。股指期货从1982年推出至今不过30多年，却迅速成为全球不可替代的风险管理工具，经受了历次金融危机的考验，对维护市场平衡及稳定发挥了重要作用。

在2008年金融危机最严峻的时刻，股指期货交易量和持仓量显著增加，不但为市场提供了充分流动性，而且有效减缓了金融危机冲击力度，获得全球市场的一致肯定。中国的台湾期货交易所在金融危机之后这样评价股指期货：在金融危机当中，股指期货成为股市下跌期间的“疏洪道”，减轻了持股机构卖出股票对股市的抛压，有利于股市稳定，股指期货是股市的“稳定器”。

三、操纵有条件

实践表明，做空机制本身不是各国监管机构打击的目标，操纵行为才是监管共同的敌人。从境外案例看，市场操纵有其具体原因和特点，需具备一定发生条件。

第一，做空操纵多发于过度开放和自由化的金融市场。金融市场的开放和自由化是美国主导的全球经济一体化的产物，但我们的金融开放、创新和改革必须要有强有力的监管配套，才能保证对外开放平稳推进。如果缺乏有效监管，就可能出现占据资金、信息等要素优势的机构或者个人，完全可以调配资源，对处于弱势地位的市场发动攻击。

国际投机资本于 1992 年狙击英镑、1994 年击溃墨西哥比索，在 1997 年亚洲金融危机中袭击亚洲各国货币，均是跨境打压市场的经典案例。

20 世纪 90 年代初，墨西哥大力推进经济金融自由化，大量热钱囤积、投机资本横行，墨西哥比索被严重高估，1994 年索罗斯旗下的量子基金一路追杀，导致墨西哥比索几周之内就贬值 70%，外汇储备耗尽，从而造成墨西哥比索和股市崩盘，经济危机爆发。

1997 年，泰国等东南亚国家由于盲目推进金融自由化，放松资本项目管制，投机热钱大量流入，泰铢仍然维持与美元挂钩，且高于正常水平，量子基金随即大量卖空泰铢，最终使得泰铢兑美元一路狂跌 18%，金融危机正式爆发。开放和自由化不是市场操纵的原因，但盲目的全面自由化和开放政策，客观上为操纵提供了便利和机会。

第二，通过信息引导结合融券交易实现获利是最典型的打压市场方式。某些境外公司前几年打压中国概念股的惯用手法是：首先通过各种渠道搜集负面信息，进而锁定目标，找到具体证据，然后通过融券卖空上市公司股票，再联合其他机构，公开发布负面消息，最大限度制造投资者恐慌，当上市公司股价下跌时，再去买券还券，以此盈利。

在上述案例中，打压市场的关键在于打压方凭借在信息方面的优势或者“话语权”改变市场对股票估值的预期。值得注意的是，以往常见的打压市场方式是“欺诈市场”，即散布不真实、不准确的数据、预测或者估值，误导投资者，但浑水等机构与此不同，它们有意避开了违法红线，并未发布虚假信息，而是通过放大负面信息的方式达到打压的目的。

第三，操纵多利用监管漏洞与产品自身缺陷达到获利目的。历史上，韩国 KOSPI 200 指数、香港恒生指数产品都曾因产品设计问题和监管不到位被外资操纵。

以1998年亚洲金融危机期间的恒生指数期货为例，当时恒指成分股共33只，且前四大成分股市值占总市值的45%以上，只要对这4只股票做空（或只针对汇丰控股做空，汇丰控股市值当时占总市值的25%以上），就可以基本上达到做空大盘的目的。从风险控制角度看，中国的香港联合交易所尽管有股票T+2交收规则，但中央结算所并未严格执行，使得国际资本有机会利用这个漏洞成功平掉期指空头头寸，从容买入股票现货。中国的香港期货交易所对大户定义和持仓限制也比较宽松。

上述产品的缺陷和宽松的风险控制规定为国际投机资本提供了可乘之机。

第四，操纵多是利用特定宏观经济金融背景交互使用多种工具打压市场。由于基本面因素，外资顺势做空是有可能的，可用的手段也丰富多样，境外机构1998年对中国香港市场的狙击可谓打压市场手段的大汇总。

当时正处于亚洲金融风暴肆虐的时刻，特别是中国香港的联系汇率制度遇到空前信任危机。国际资本利用外汇市场、股票市场、银行间同业拆借市场、期货市场多方联动，自1998年6月、7月开始利用外汇远期、股票现货、股指期货等多种工具，抓住恒生指数的设计缺陷，攻击港币和恒生指数。

这种多维立体的组合方式效果明显，恒指8月6日开盘价报7476点，收盘跌至7254点，全天下跌2.84%。此后恒指连续下挫，8月13日，恒指盘中最低价为6544点，收盘报6660点。最终还是在香港特别行政区政府的入市干预下，经过1998年8月27日和28日的多番鏖战，将恒指推高到28日的7829点，外资机构未能得逞，无功而返。

可见，操纵之所以得逞，真正原因是宏观经济恶化、监管体制漏洞、产品自身缺陷，以及操纵者在信息、资金、手段等方面的优势等因素。要抑制操纵现象，必须从制度、监管、产品设计等方面入手，采取恰当的措施，确保市场安全平稳运行。

三、防范恶意操纵

综上所述，资金操纵必须具备一定条件，而这些条件在中国都不具备，并且中国的监管部门还进行了针对性的制度设计与防范。

第一，中国金融监管总体审慎严格。外资意图做空中国、冲击中国金融体系和实体经济，就无法回避中国资本项目开放与人民币可自由兑换问题。缺少这两个重要条件，做空中国就存在巨大障碍。当前，尽管利率汇率市场化、人民币国际化等改革也在稳步有序推进过程中，但资本项目尚未完全开放，热钱流入及外资机构在境内的业务活动受到严格监管。很早就有人说股指期货是境内外做空中国的重要工具，其实境外机构参与十分有限，最近又有人认为国债期货是做空中国经济的终极武器，实际上境外机构现在连进入的资格都没有，而且裸卖空在中国是被严格禁止的。外资试图实现各种卖空工具的串联组合、打压股市的目的难以实现。

第二，外资参与规模有限，利用股指期货打压股市不现实。目前，外资只能通过合格境外机构投资者（QFII）渠道参与股指期货，且仅限于套期保值，市场规模也极小。截至 2013 年 12 月 31 日，仅 18 家 QFII 开户，日均成交量和持仓量占全市场的比例分别只有 0.01%、3.40%，没有市场影响力，对国内股市的定价权影响微乎其微。外资机构“唱空”、“看空”境内市场容易，真正“做空”却很困难。

第三，中国股指期货的设计真正体现出了后发优势，广泛汲取了全球市场经验，并把防范市场操纵作为最重要目标。沪深 300 指数期货标的指数选择科学合理，结构分散、市值巨大，到期交割结算价计算采用了较长采样时间，具有很强的抗操纵性。

自推出以来，合约面值一直维持在 60 万元人民币以上的水平，在全球范围内都是最大的合约之一；成分股集中度不高，前十大成分股权重从上市以来一般维持在22%左右；到期交割结算价采用最后两小时现货标的指数价格的平均值，有效增加了操纵的难度。

第四，实行严格审慎的风险管理制度，有效控制市场风险。中金所实行了严格审慎的风险管理制度，全面覆盖市场操纵的主要风险点。股指期货保证金比例是国际平均水平的2倍，有效压缩杠杆。严格限制单个投机客户在单个合约上的单边持仓水平，大机构套保套利额度必须经过严格的审批和管理，有效提高了抗操纵能力。

股指期货在境外市场已成功运行多年，中国股指期货推出至今，持续健康成长，功能逐步发挥，对股市只帮忙、不添乱，当然也决不会成为做空中国的工具。中国监管机构应对境内外“做空中国”声音保持高度重视和警觉，不能被动地任其发展，而应及时填补漏洞、固本强基。只要市场的制度健全、规则完善、监管有力，中国就能避免被恶意“做空”。

股指期货已成功嵌入我国资本市场

陈　晗

文章导读

我国股指期货经过10年的筹备，2010年实现零的突破。上市以来，股指期货又依次经历了2010年4月至2010年7月的持仓量迅猛增长阶段、2010年8月至2011年9月的蓄势待发阶段和2011年10月以来的茁壮成长阶段，市场结构逐渐优化，表现日益理性，避险功能稳步发挥。

股指期货给境内股票市场带来了三方面的积极影响：一是完善市场结构，改变市场单边运行机制，促进合理估值和内在稳定；二是提供避险工具，促进避险文化形成；三是完善金融产品体系，增加市场的广度和深度，改善股票市场生态。

本文原载于2013年12月12日《证券日报》B4版，出版时标题略有改动。

作者为：中国金融期货交易所副总经理。

B4 专题 TOPIC

厚积薄发 茁壮成长

——股指期货已成功嵌入我国资本市场

国际经验表明，股指期货是股票市场发展到一定阶段的必然产物，是股票市场稳定运行的必备工具，是成熟资本市场必不可少的组成部分。随着境内多层次资本市场建设的推进和股票市场改革的深入，投资者迫切需要有效的风险管理工具和避险机制。无论是考虑境内资本市场自身的发展需求，还是从金融安全战略、金融稳定角度出发，建立与发展自己的股指期货市场成为历史的必然。正是在这样的背景之下，在历经 10 年的研究与筹备之后，于 2010 年推出了境内市场第一张股指期货合约——沪深 300 股指期货，实现了金融期货市场零的突破。发展至今，股指期货的规模稳步增长、功能逐步发挥，股指期货已经成功嵌入境内资本市场并产生积极的影响。

一、沪深 300 指数期货的诞生

在 20 世纪 90 年代末，境内就已经开始进行股指期货方面的系统性研究并于 2001 年完成了“股票指数期货市场总体方案设计”的报告。2004 年，国务院做出了关于“研究开发与股票和债券相关的新品种及其衍生产品”的战略部署，到了 2005 年，伴随境内证券市场股权分置改革全面推开，推出股指期货的制度性障碍得以解除，上市股指期货的条件已经具备。

2006 年 9 月 8 日，中国金融期货交易所经国务院批准成立。股指期货筹备工作从交易制度、风险管理、技术系统、投资者教育等多方面紧锣密鼓地进行准备。2006 年 10 月，为了更好地检验产品及规则、积累管理与运作经验，中国金融期货交易所（中金所）以市场代表性高、套期保值效果好和抗操纵性强为原则，选取沪深 300 指数为标的，正式开展股指期货仿真交易，吸引了商业银行、证券公司、基金公司、期货公司、个人投资者参与，打下了扎实的市场基础。

在股指期货各项筹备工作加紧推进的过程中，爆发了 2008 年全球金融海啸，引发了全球对于金融创新与风险监管的深刻反思。中国证监会指导中金所对股指期货进行了有针对性的制度安排，制定了一系列更加严格的风险控制制度和措施，确定了股指期货投资者适当性制度，建立了跨市场监管协调机制，不断深化投资者风险教育。

2010 年 4 月 16 日，经过漫长而艰苦的筹备，境内首个金融期货品种——沪深 300 股指期货在中金所挂牌交易，实现了境内金融期货市场从无到有的艰难跨越。

二、沪深 300 股指期货发展的三个阶段

2010 年 4 月 16 日沪深 300 股指期货正式起航以来，已 3 年有半。古语云，“三岁看大”，客观理性地认识股指期货市场的发展阶段对于确立未来金融期货的发展定位具有重要意义。在反映股指期货市场运行状况及发展阶段的众多指标中，持仓量是期货市场区别于股票市场特有的统计指标，代表着市场的量能，反映了市场主流交易行为，蕴涵着丰富的市场信息。持仓量的变化浓缩了股指期货的发展特征，以持仓量为衡量指标，境内股指期货市场呈现三个较为明显的发展阶段。

（一）第一阶段：十年一剑，厚积薄发

2010 年 4 月至 2010 年 7 月，沪深 300 股指期货持仓量呈现迅猛

增长态势，持仓量由上市首日的3 590手迅速增至2010年7月28日的34 250手，增幅超过850%。统计数据显示，中国台湾地区加权股指期货、印度S&P CNX NIFTY股指期货持仓规模突破3万手，耗时近3年，韩国KOSPI 200股指期货则耗时两年，即便是在股指期货市场发达的中国香港，H股指数期货持仓量突破3万手也花了近1年时间。沪深300股指期货持仓量快速增长的背后是境内资本市场对于避险工具的渴求，是股指期货历经8年研发、4年筹备的厚积薄发。

（二）第二阶段：细心呵护，蓄势待发

2010年8月至2011年9月，沪深300股指期货持仓量蓄势盘整，围绕3.5万手上下小幅波动。从直观表象上看，持仓量的相对稳定与股票市场的宏观环境息息相关。统计数据显示，2010年8月初至2011年8月底，沪深300指数整体呈现小幅盘整态势，期间指数下跌幅度仅为2.4%，投资者整体持仓意愿降低，全市场持仓量持仓上涨缺乏动力。但是，整体持仓量相对稳定的背后是市场结构的不断优化。在此阶段，中金所一方面针对股指期货市场刚刚起步，必须防范风险、加强监管、用心呵护的“幼年”特征，不断完善制度，及时采取坚决措施抑制市场过热倾向，加强风险实时监控，及早防范风险隐患，引导市场平稳有序发展，另一方面积极加快推进机构投资者入市，不断完善市场结构，在此期间证券公司、证券投资基金开始逐步参与股指期货市场，合格境外投资者（QFII）、信托公司等机构参与政策也陆续推出。统计数据显示，2010年8月初至2011年9月底，在整体持仓规模相对稳定的前提下，自然人客户的持仓占比从初期近90%下降至65%左右；套期保值及套利交易持仓占比则从期初的8%上升至30%左右。持仓结构的持续优化为股指期货市场规模的稳步增长、避险功能的进一步发挥夯实了基础，积蓄了力量。

（三）第三阶段：茁壮成长，结构改善

历经近一年时间的蓄势盘整，2011 年 10 月起，沪深 300 股指期货持仓量重拾升势，开始持续稳步增长，由期初的 4 万手左右增至目前超过 12 万手，最高曾达 2013 年 2 月 20 日的 13.481 万手，增幅超过 230%。

本阶段沪深 300 指数趋势明显的下跌及上涨行情激发了投资者的对冲避险意愿，迫切需要股指期货市场进一步发挥其避险功能。统计数据显示，2011 年 10 月初至 2012 年 11 月底，沪深 300 指数由 3044.23 点跌至2139.66点，累计下跌近 30%；随后两个月（2013 年 2 月初）又快速上涨至 2800 点左右，累计涨幅近 30%。在此背景下，投资者借助股指期货管理股票资产价格波动风险的需求不断增加。

面对市场的强烈呼声，中金所进一步创新思路、完善制度、采取措施不断降低市场运行成本，促进股指期货市场功能发挥。2012 年 2 月 3 日，中金所发布修订后的《套期保值与套利交易管理办法》，优化套期保值管理业务管理，引入套利业务的制度措施；2012 年 5 月 31 日起，沪深 300 股指期货持仓限额由 100 手调整为 300 手；2012 年 6 月 1 日起，沪深 300 股指期货手续费调整为万分之 0.35；2012 年 6 月 29 日起，沪深 300 股指期货保证金标准统一下调至 12%；2012 年 9 月 1 日起，手续费标准再次下调至万分之 0.25；2013 年 3 月 11 日起，持仓限额再次扩大至 600 手。

截至目前，沪深 300 股指期货的持仓量已由上市初期的不足 5 000 手，增至超过 12 万手。随着机构投资者、套期保值和套利交易者的市场参与度不断提高，投机持仓占比不断下降，套保套利成交持仓占比逐步上升，市场结构日趋改善，市场表现日益理性，避险功能稳步发挥。

在强调功能发挥的同时，我们也应当清醒地认识到，相比于股指期货市场自身的成交量及现货市场的市值规模而言，股指期货的持仓规模仍相对较小，股指期货市场的发展仍处于初级阶段。从成交持仓比看，韩国、中国台湾地区等新兴市场基本维持在2~3倍，欧美成熟市场则基本维持在1倍左右，而沪深300股指期货持仓成交比仍维持在5~7倍这一水平。从股指期货持仓与股票市场市值规模比看，成熟市场的比例约为1.5%至2%，新兴市场基本维持在0.8%~1%。目前，沪深300股指期货持仓金额约为900亿元，股市流通市值约为20万亿元，持仓规模与股票市场市值比仅为0.45%。因此，境内股指期货市场仍处于发育阶段，需要社会和市场各方给予更多的呵护、理解和关心，使之更加根深干壮。下一阶段，持续优化完善市场投资者结构，鼓励包括外资在内的机构客户的更广泛参与，在风险可控的前提下，不断降低市场持仓成本，加快组合保证金及有价证券冲抵保证金制度的引入，是进一步扩大股指期货市场持仓规模、促进市场持续健康发展的有效途径。

三、股指期货对资本市场已经产生积极影响

一个完整意义上的股票市场应该包括股票发行一级市场、股票交易二级市场和管理股市风险的股指期货市场。这三个部分有机协调，构成一个不可分割、相伴共生的统一整体。股票一级市场实现了筹资，二级交易市场实现了资产定价和优化配置，股指期货市场则实现了股市风险的分割、转移和再分配，保障了股市健康、持续发展。具体来看，股指期货给境内股票市场带来了三方面的积极影响：一是完善市场结构，改变市场单边运行机制，促进合理估值和内在稳定；二是提供避险工具，促进避险文化形成；三是完善金融产品体系，增加市场的广度和深度，改善股票市场生态。

(一)完善市场结构,改变市场单边运行机制,促进合理估值和内在稳定

经过近年的深化改革,境内资本市场发生了转折性变化,但"新兴加转轨"的特征还很明显,主要表现为:大起大落、波动频繁、换手率高。这不仅不利于保护广大中小投资者利益,也不利于股市发挥国民经济晴雨表的作用。造成境内股票市场频繁大幅波动的原因是多方面的,除了与境内股市所处的发展阶段有关以外,一个很重要原因就是境内股票市场是单边市,缺乏双向交易与对冲平衡机制。

第一,股指期货提供双向交易机制,增加了市场平衡制约力量,有助于降低市场波幅和震荡频率。股指期货提供了一篮子股票的多空双向交易机制,在股市非理性上涨时,投资者的看空预期能够在期货市场上实现,起到平衡股价的作用;在股市非理性下跌时,又能通过期货做多给予市场支撑。这就犹如为股票市场增加了内在减振器,使得股价围绕合理的估值水平,在一个相对较小的范围内波动。据统计,在2008年全球金融危机中,已推出股指期货的22个市场,股市平均跌幅为46.9%。其中,新兴市场跌幅也只有47.1%,远低于没有推出股指期货市场63%的平均跌幅。在新兴市场国家印度,其上市股指期货后3年股市波动率比上市前一年分别下降了14.7%、32.2%与51.6%。

第二,股指期货有利于机构投资者稳定持股,更好地发挥稳定市场的作用。近年来,境内不断培育和发展机构投资者,积极推动长期资金入市,但由于境内股票市场缺乏做空机制,许多机构投资者的行为与散户差别不大,只能被迫采取"高抛低吸"的方式,通过频繁买卖股票来盈利,操作手段单一,投资行为呈现"机构投资散户化、长期资金短期化",难以充分发挥稳定市场的作用。有了股指期货等做空工具,机构投资者能够利用期货市场

进行“期货替代”，变现货交易为期货交易，减少在现货市场上的频繁冲击性操作，增强稳定持股的信心，降低股价波动水平。

（二）提供避险工具，促进避险形成文化

近年来，随着国际金融市场风险日益复杂化，股指期货的风险管理功能得到人们的广泛认可，但境内金融市场在规模迅速扩大的同时，由于缺乏有效的风险管理工具，犹如商船航行于茫茫大海之中而没有购买保险一般。发展股指期货，提供避险工具，不仅有助于投资者规避市场系统风险，而且可以优化社会风险结构，培育避险文化，现实意义十分显著。

第一，股指期货是投资者规避系统风险的基础工具，是市场风险转移的重要通道和出口。股市中的非系统风险能够通过分散化投资来消除，但系统风险无法简单切割，而且境内股市系统风险远高于成熟市场，使得系统风险防范显得尤为重要。在成熟市场上，管理系统风险的工具就是股指期货。当投资者预期股票市场将出现下跌时，通过持有股指期货空头头寸，既能避免股票价格在高位难以卖出的流动性风险，也对冲了持有股票的系统风险；当投资者预期股票市场将要上涨时，通过股指期货的保证金杠杆，可利用较少资金预先在期货市场建立多头头寸来锁定买入股票的成本。

第二，股指期货的推出帮助培育投资者避险理念，引导避险文化形成，优化市场风险整体结构。一般来说，市场本身有两类重要的参与者，一类是风险规避者，一类是风险投机者，客观上需要一个风险转移机制。在投资者无法通过避险保值实现风险规避的时候，市场上可能就只剩下“追涨杀跌”的投机者。通过股指期货进行避险有助于改变目前市场上的过度投机氛围，营造避险文化，让投资者深刻领会到“上涨也有风险、下跌也是机会”，真正平等地看待涨与跌。

（三）完善金融产品体系，增加市场的广度和深度，改善股票市场生态

完整的自然生态系统包括森林与湖泊。如果把股票市场比作森林，那么股指期货等风险管理市场就像是森林中的湖泊，可以涵养水源、改善森林的生态环境。股票与股指期货恰如森林与湖泊一样，共同构成完整的金融生态系统。

发展股指期货等简单、基础性的衍生产品不仅能够完善境内金融产品体系，增加市场创新功能，改善股票市场生态，提高市场运行质量，使得金融系统更加灵活、有效和富有弹性，也是保障金融资源配置的主动权、实现国家金融安全战略的重要选择。

第一，作为基础性的金融衍生产品，股指期货的推出能够丰富金融市场产品体系，为投资者提供多元化投资选择。当前，境内金融市场仍然面临产品结构单一、品种匮乏、投资策略趋同等问题，尚不能满足广大居民日益增长的财产性收入增长需求。作为资本市场基础的配套性产品，股指期货的推出将丰富金融市场产品体系，为投资者提供多元化投资选择。金融机构可以根据客户的风险承受能力，利用股指期货等工具对股票、债券等传统投资品种进行分解组合，形成特点各异的投资产品，使产品收益和风险特性与客户收益预期和风险偏好相适应，为客户提供完整的个性化金融服务，增加市场深度。

第二，股指期货的推出进一步丰富了投资者的投资策略，完善盈利模式，提高市场操作的技术含量。在缺失股指期货等基础性风险管理工具的市场环境中，基金等机构投资者长期处于同质化竞争状态，业绩大起大落，证券公司也被迫进行简单粗放经营，盈利渠道单一。股指期货的推出改变了“巧妇难为无米之炊”的窘境，有助于拓展机构业务范围，丰富投资策略和盈利模式，改善市场运行生态，也有利于拓展券商、基金等机构开展套期保值、

套利和其他组合交易等创新业务，以增加收入来源、均衡收入结构。在国际上，资产管理公司普遍采用股指期货、国债期货等工具来调整资产在权益和债券之间的配置，以降低运作成本，提高投资收益。在中国台湾地区，公募基金广泛利用期货市场进行避险、增益和优化运营管理等操作，显著提高了投资绩效。其中，台湾地区的宝来双盈平衡基金凭借灵活的期货策略，在2008年台湾股市大跌45%的情况下实现8.60%的正收益，生动地表现出期货市场操作的独特魅力。

第三，股指期货等金融衍生品的发展是国家发展战略的重要载体，有利于掌握金融资源配置的主动权，保障金融安全。

金融衍生品是金融市场的高端产品，是金融的制高点，是金融资产、金融资源配置的高效率工具。各个国家都将发展金融期货等金融衍生品市场作为国家金融战略来考虑，通过占领金融领域的“制高点”，掌握金融资源配置和定价的主动权，维护本国的金融安全。近年来，随着资本市场对外开放的扩大，境外多个市场正瞄准境内金融期货市场的巨大发展潜力，纷纷推出针对境内的金融期货品种。由于股指期货具有非专属性，外资金融机构可以通过在境外上市针对境内A股关联的期货期权，主动掌握境内股市定价权，既不利于境内企业开展套期保值业务和境内监管机构进行监管，更严重威胁金融安全。正视挑战，未雨绸缪，积极发展本土股指期货等金融衍生品市场，对于促进境内金融稳定、维护金融安全，提高金融市场国际竞争力具有重要意义。

党的十八届三中全会《关于全面深化改革若干重大问题的决定》中提出，要让市场在资源配置中起决定性作用，“健全多层次资本市场体系，鼓励金融创新，丰富金融市场层次和产品”。国际经验充分表明，股票市场发展到一定阶段必须建立与股票现货市场相配套、包括股指期货在内的专业风险管理市场体系；推动股指期货和股票市场的协调发展，有利于提升直接融资的比例，优化资源配置，服务于实体经济转型和发展。展望未来，以单一股指期货产品为起点，加快建立完善品种多元的股指期货和期权产品体系，是发展多层次资本市场的必由之路。随着境内多层次资本市场体系的不断完善，股指期货作为资本市场的内在组成部分也必将发挥越来越大的作用。

赵锡军：金融期货为实体经济提供配置工具

王宁

文章导读

中国金融期货发挥的配置功能较为充分，为实体经济发展和投资组合提供了资源配置工具，有效降低了市场波动率，稳定增长，促进了经济健康发展。首先，金融期货起到了分散风险的作用，避免经济出现“硬着陆”；其次，股指期货价格很难影响股价变化；最后，中国的金融衍生品也不会成为危机的肇因。

本文原载于2014年3月18日《上海证券报》5版。

赵锡军为中国人民大学财政金融学院副院长、金融与证券研究所副所长。

中国人民大学财金学院副院长、金融与证券研究所副所长赵锡军在接受记者采访时表示，目前中国金融期货发挥的配置功能较为充分，为实体经济发展和投资组合提供了资源配置工具，从而有效降低了市场波动率，稳定增长，促进经济健康发展。

“金融期货发挥了分散风险，避免‘硬着陆’的配置功能”

赵锡军表示，理解金融期货发挥的配置功能要从两个层面考虑：一是金融市场为实体经济发展合理配置资源，二是金融期货对市场风险进行分散或化解。十八届三中全会指出，市场要在资源配置中起决定性作用，这个“市场”既包括了实体经济，也涵盖了金融市场。金融市场服务于实体经济就会有波动产生，这个波动可以理解为经济增长中的风险。如何化解市场波动？金融市场起着重要作用。

赵锡军表示，金融市场为实体经济的发展合理配置了资源，承担了优胜劣汰的职能。当市场出现风险波动时，金融期货承担了分散风险的功能，从而避免经济出现硬着陆。“一个成熟的市场应该具备优胜劣汰的能力，金融不可或缺；市场波动是经济结构调整的正常表现，大国经济须有大国金融相配套才行。”

“期货价格很难影响股价变化”

对于股价和期价波动因果之说，赵锡军认为，影响股市波动的因素主要包括宏观面和上市公司业绩，影响期市波动的主要是投资判断和其他因素等。“两个市场的波动是有差距的，并不是所谓的‘期价影响股价’之说。相关研究表明，股指期货上市以来，沪深300样本股波动幅度降低了2%～3%。”事实上，决定市场价格波动最主要的因素是投资判断，从这个层面来讲，期价很难影响股价变化。

“中国金融衍生品不会成为危机肇因”

在全球金融危机爆发后，有分析人士将金融衍生品视为危机肇因，针对此观点，赵锡军却不认同。他表示，全球金融危机爆发是美国金融危机所致，而美国金融衍生品通常分为两大类：一类是CDO（担保债务凭证，资产证券化家族重要的组成部分，标的资产通常是信贷资产或债券），另一类是CDS（信用违约互换，又称为信贷违约掉期，也叫贷款违约保险，是目前全球交易最为广泛的场外信用衍生品）。这两种衍生品同属利率互换产品，因此美国金融衍生品与中国金融衍生品有着本质不同。美国金融危机的根本原因是市场风险无限放大后无法转移，中国金融衍生品则完全不同。

此外，赵锡军认为，金融市场发展，最好少进行行政手段的干预，行政手段运用越多，市场可能会越扭曲。金融衍生品则可能很好地弥补这种劣势，金融期货可以更好地做到市场化运行。不过，要注意避免金融的滥用，需要相应出台一些监管措施进行配套。

股指期货的四方面贡献

苑德军

文章导读

股指期货不仅不应背负“导致股市下跌”的指责，反而应该得到多方面的正面评价。第一，股指期货推动了我国资本市场的改革发展；第二，股指期货拓宽了投资者的投资渠道，满足了不同风险偏好投资者的需求；第三，股指期货和其他金融期货的推出为经济主体提供了风险管理工具，有助于促进金融业和实体经济的发展；第四，股指期货强化了国民的风险意识，推动了社会风险文化建设，促进了民族文化创新。

本文原载于2014年3月19日《中国证券报》A19版。

作者为：中国科学院研究生院客座教授，银河证券前高级经济学家。

沪深300股指期货自2010年4月16日上市以来，已经平稳运行了近4年的光景。作为第一支登陆股市的金融期货产品，沪深300股指期货承受了一些不应承受的“冤屈”。一些人把股票现货市场的持续下跌归咎于股指期货，认为股指期货是导致股市行情萎靡不振的罪魁祸首。在我看来，认为股指期货导致大盘走势持续下滑是缺乏金融学和证券市场基本常识的表现。没有哪本金融学教科书在阐述影响股市行情的基本因素时，把股指期货包含在内。我国股票现货市场和股指期货市场的存量资金、交易规模差距甚大，说股指期货大幅分流了现货资金，带动大盘下跌，似乎有点抬高股指期货了。尽管在某个时间节点上或较短时间过程内，股指期货可能影响现货市场走势，但从中长期看，股指期货无法左右现货市场行情的发展方向和变动趋势。上证综指从2007年10月26日的6124点一路下跌到目前的2000多点，显然是不能用股指期货的影响来解释的。实际上，在2010年4月股指期货推出以前的两年多时间里，股市也一直是下跌的。

站在客观的角度考察，股指期货不仅不应背负上述指责，反而应该得到多方面的正面评价，其对推动资本市场改革发展、拓宽投资者的投资渠道、提升经济主体的风险管理能力、促进金融业的转型升级、培育全社会的风险文化等，都做出了实实在在的贡献。

第一，股指期货推动了我国资本市场的改革发展。股指期货的推出丰富了资本市场的金融产品结构和金融交易工具结构，扩大了市场交易规模，提高了市场的层次水平和发育程度，同时也在很大程度上改变了市场的运行特征，使资本市场由“单边市”转变为“双边市”。

第二，股指期货拓宽了投资者的投资渠道，满足了不同风险偏好的投资者需求。相对于现货而言，股指期货杠杆率高、盈亏数额大、风险程度高，更适合具有高风险偏好的投资者，而且股指期货可以有效地分散与转移市场风险。机构投资者利用期货交易套保、套利，可以有效地锁定和管理现货风险，实现避险、减亏和增收。

同时，各种类型的财富管理机构还可以将股指期货与现货进行多种投资组合，开发出各种风险程度的理财产品。券商资管产品的运作，就较为广泛地运用了股指期货来加强风险管理，以最大限度地增加投资收益。股指期货的推出也为个人投资者拓宽了投资渠道，使其可根据自身风险偏好程度选择相应产品，增加了获利机会。

第三，股指期货和其他金融期货的推出为经济主体提供了风险管理工具，有助于促进金融业和实体经济的发展。在股指期货推出前，我国资本市场的融资功能发挥到了极致，风险管理功能却暂付阙如。在这种情况下，包括证券公司在内的金融机构主要依靠组合投资规避风险，但这种组合投资只能规避非系统性风险，对市场的系统性风险则无能为力。股指期货的推出满足了金融机构的风险管理需求，为金融机构提供了风险管理工具。当前，我国利率市场化改革已进入最后阶段，存款利率的完全市场化指日可待，汇率形成机制的市场化改革也在逐步推进。伴随利率和汇率的市场化进程，利率、汇率类金融衍生产品也将推出。这使得企业和金融机构可以根据利率、汇率和通货膨胀预期，利用利率、汇率类衍生产品有效地进行风险管理，并灵活地调整资产与负债，从而规避和转移风险，提高企业和金融机构经营的安全性、稳定性。还应该看到，随着产业升级、经济转型步伐加快和金融改革的推进，金融转型的压力加大，金融机构在经营理念、经营模式、业务和收入结构等方面，都面临着深刻的转型。这方面的一个突出表现是我国现已进入“大资产管理”时代，财富管理领域成为各类金融机构和民间投资机构竞相争夺的“富矿带”。作为风险管理和资产配置的重要工具，股指期货被各类金融机构广泛应用。将股指期货与股票、债券等其他金融资产进行组合，可以保持投资组合风险中性，优化资产配置，增强产品的多样性与灵活性，凸显产品收益和风险特性的多样化，为客户提供更为精细化的产品和服务。金融机构在财富管理活动中不利用金融衍生品，是不可想象的。从这个意义上说，股指期货一类的金融衍生品对推进金融机构转型不可或缺。

第四，股指期货强化了国民的风险意识，推动了全社会风险文化建设，促进了民族文化创新。体制转轨、社会进步和经济现代化固然需要技术、组织、制度等方面的创新，同时更需要人的思想观念的更新和创新精神的确立，即所谓的“先化人，后化物”。搞市场经济，没有敢闯敢冒险的精神是不行的，对此小平同志也曾讲过。股指期货强化了人们的风险意识，激发了人们的冒险精神，推动了风险文化的形成，其冲击着随遇而安、守旧滞止、羞于竞争等传统文化中的负面影响，塑造和培育着适应新体制的精神价值。

引入股指期货，是我国这样一个“新兴加转轨”的资本市场走向成熟市场的必由之路。我们必须站在这样的高度来认识股指期货的经济意义。不过，也必须看到，我国股指期货市场还存在产品单一，机构投资者数量不足，套保、套利、投机者三者之间结构不合理，近期合约与远期合约交易规模差距甚大，价格发现功能发挥不充分等诸多问题。中金所应进一步完善期指类产品序列，开发出更多的宽基和窄基指数期货，加大引进机构投资者入市力度，吸引更多机构投资者入市，同时监管部门应改善监管，提高投资者利用股指期货参与套利、投机的便利程度，促进股指期货价格发现功能的进一步发挥。但是，在新产品开发过程中，要综合考虑推出新产品的必要性与可行性、新产品可能发挥的正面效应与负面影响、市场经济国家共性与中国特殊性这三种关系。

华泰证券：股指期货改变单边投资文化

熊 锋

文章导读

股指期货自2010年4月16日上市以来，运行平稳，流动性好，风险管理功能明显得到发挥，吸引了越来越多的机构客户入市套保避险。华泰证券金融创新部总经理江晓阳认为，股指期货起到了股票市场“稳定器”的作用，改变了整个市场的单边投资文化，同时也为券商产品创新提供了工具。

本文原载于2013年12月19日《中国证券报》A16版。

股指期货自2010年4月16日上市以来，运行平稳，流动性好，风险管理功能明显得到发挥，吸引了越来越多的机构客户入市套保避险，并为机构投资者的产品创新提供了工具。《中国证券报》记者对相关机构投资者进行系列走访，了解作为市场“中流砥柱”的机构投资者使用股指期货的情况。

A16
商品/期货 Commodity Futures
铜博士2014年或成“熊博士”
华泰证券：股指期货改变单边投资文化

“有了股指期货之后，可以对冲继续下跌的风险而不抛现货，并且还让我们敢于在下跌时买入可能被错杀的股票。”华泰证券金融创新部总经理江晓阳对记者表示，股指期货起到了股票现货市场“稳定器”的作用。

期指改变单边投资文化

股指期货的上市是“中国资本市场的成人礼，改变了整个市场的单边投资文化”，华泰证券金融创新部总经理江晓阳对中国证券报记者说。他指出，股指期货的推出还为券商产品创新，比如设计绝对收益产品提供了工具，“涨的时候比指数多一点，跌的时候比指数少一点”，但整体收益稳定。

有人反映，股指期货适当性制度门槛过高，中小投资者无法参与可能导致不公平。对此，江晓阳认为，期货套保并非只对机构开放，同样为个人投资者敞开大门，当然机构专业水平更高、风险承受能力更强，中小投资者可以通过机构投资者来参与。江晓阳呼吁，券商等机构应考虑推出更多的适合中小投资者参与的产品，满足投资者的需求，同时希望中金所推出更多品种的指数期货，在更大程度上满足市场的避险需求。

江晓阳表示，2013 年以来，中金所对金融期货的套保规则进行了修改，比如增加套保额度，并且还简化开户流程和套保额度审批，大大缩短了审批时间，在套保理念上也有全面的更新，交易所为券商等机构投资者进行股指期货的交易提供了更好、更便捷的服务，这将使得机构运用期指的效率还将进一步提高。

机构投资者敢于跌时做多

“几乎没有一家证券公司会大规模单边放空。”江晓阳说，市场上空单的增加虽然代表部分资金选择做空套保，但另一方面却反映出机构在现货市场买入的动作。实际上，机构以空头套保为主不改变其整体多头属性。记者了解到，券商在期货上做空，但在现货上的头寸更大，仍是净多头。

“在现货市场出现大跌时，市场过度恐慌可能导致好的股票被错杀。”但是，这种下跌的格局可能短时间内难以结束，即使被错杀的股票亦存在继续下跌的可能。

以 2013 年 6 月 24 日 A 股市场出现大幅下跌为例，当日沪深 300 指数暴跌 6.3%。江晓阳说，如果没有对冲的工具，包括券商在内的机构投资者肯定不敢在下跌的时候买这些股票——即使知道这些股票是被错杀的，但有了股指期货之后，通过股指期货对冲了继续下跌的风险，而选择在现货市场买入股票。所以，其实股指期货反而起到了股票现货市场“稳定器”的作用。

2013 年 6 月 24 日当天，期指套保业务开展较深入的证券公司等机构不但没有在现货市场大幅抛售，反而买入沪深 300 指数成分股近 20 亿元，这主要是由于他们持有股指期货空头仓位可以有效进行避险；而未参与套保的一些大基金只能在下跌行情中减仓离场，净卖出沪深300指数成分股近60亿元。在江晓阳看来，股指期货的平稳运行其实起到了对A股市场“挤泡沫”的作用，定价虚高的股票对于普通投资者来说其实风险很大，保护了市场。

嘉实基金：期指有效缓解市场波动

王　宁

文章导读

股指期货上市以来，日益成为各类投资者广泛使用的风险管理工具。嘉实基金作为股指期货机构投资者，其董事总经理、指数投资部总监杨宇认为，股指期货上市三年半以来，“减震器”作用显现，增强了股市稳定性，为基金产品的开发设计提供了更多的策略，“做多套保”的策略也逐渐体现，满足了广大个人投资者的多样化需求。

本文原载于2013年12月16日《上海证券报》7版，出版时标题略有改动。

News 要闻 7

上海证券报

深交所详解市值申购新股

嘉实基金董事总经理杨宇：

期指有效缓解市场波动
机构“做多套保”策略浮现

股指期货上市以来，日益成为各类投资者广泛使用的风险管理工具。投资者实现灵活避险，既是股市宏观稳定性增强的微观基础，客观上更直接提升了各类投资者的安全感。《上海证券报》记者走访了相关机构投资者，了解其使用股指期货的情况。股指期货机构投资者之一嘉实基金的董事总经理、指数投资部总监杨宇在接受采访时表示，股指期货上市三年半以来，“减震器”作用显现，增强了股市稳定性，为基金产品的开发设计提供了更多的策略，“做多套保”的策略也逐渐体现，满足了广大个人投资者的多样化需求。

“在股指期货未上市前，投资者面对股票价格下跌风险，只能大量抛出手里的股票，这样不仅未能有效规避市场风险，反而加大了股价的下跌动力。”杨宇表示，机构运用股指期货后，可以不用减少股票的持有量，利用少量资金就能够有效对冲风险，也使得自身头寸的市值更加稳定。

杨宇举例说，某机构投资者持有股票市值为20亿元，为了规避系统性风险，决定减持一半的头寸，但此举一方面不能完全规避价格风险，一方面会因为减持股票本身的行为，加大剩余头寸的下跌风险，在增加市场整体抛盘的同时，也增加了自身的损失。但是，如果运用股指期货避险，20亿元的股票市值可持有不变，又能有效弥补整体市场下跌所造成的损失。“所以，在2013年6月底‘钱荒’的时候，因为我们使用了完全对冲的策略，心里就很踏实，并且通过对冲取得了更好的收益。”

杨宇介绍说，除了使用传统的“做空套保”手段，随着市场的变化，机构投资者运用股指期货进行“多头套保”的需求已日渐增多。嘉实基金在2013年股指期货出现较大贴水的阶段，就进行了灵活的“多头套保”，做到了“现货替代”，取得了很好的效果。杨宇透露，针对机构投资者的需求，中金所2013年以来对股指期货套保制度进行了改革，对于传统类对冲策略，要求期现匹配，但针对所谓的资产配置，交易所根据投资方案进行监管，并不要求期现严格匹配，这极大提高了投资者对于股指期货“做多套保”的兴趣，使其更易操作。

不过，杨宇同时表示，较上市初期，目前股指期货操作难度提高了，主要原因是套利空间逐渐变小，侧面反映了市场投资者也日趋成熟。早在2010年10月，股指期货基差明显，多数时间都以大幅升水状态呈现，但随着市场成熟度的提高，目前基差较小，且贴水状态也时常出现，套利空间越来越少。“这恰恰说明，投资者对股指期货的需求比以前更加强烈，参与者也越来越多。目前来看，规避股市风险的最佳工具仍是股指期货。”

杨宇表示，在股指期货上市三年多的时间里，嘉实基金成功上线的与股指期货相配套的专户产品达十几款之多，产品资金量从最初的3 000多万元增加到目前的近40亿元，其中多数产品都是以对冲操作为主。这不仅丰富了交易策略，而且更好地满足了不同投资者的风险偏好。“曾经有一个主动型专户的投资者，净值跌了5%不到就受不了了，我们将它的资金转为对冲产品之后，收益变得稳定了，他从此以后就成为我们相关产品的忠实跟随者。”

杨宇认为，股指期货操作成本较低，这为投资者提供了便利的对冲工具，但种类明显相对较少，如果能够再推出如中证500指数等配套品种，避险的效果会更好。

海通期货：股指期货市场成熟度提升

郭　昕

文章导读

随着股指期货的推出，期货市场迎来了新的发展阶段。海通期货总经理徐凌认为，股指期货推出三年半以来，改变了期货行业的发展格局，投资者数量明显增加，目前股指期货市场参与者逐渐成熟，以券商为主的机构实现了有效的风险管理。与上市初期相比，投资者结构和参与方式均有较大变化。

本文原载于2013年12月20日《期货日报》2版，出版时标题略有改动。

与上市初期相比，投资者结构和参与方式均有较大变化

期货日报 | 新闻通览

全球流动性或面临拐点

业内人士：股指期货市场成熟度提升

与上市初期相比，投资者结构和参与方式均有较大变化

随着股指期货的推出，期货市场迎来了新的发展阶段。海通期货总经理徐凌接受采访时表示，股指期货推出三年半以来，改变了期货行业的发展格局。目前股指期货市场参与者逐渐成熟，以券商为主的机构实现了有效的风险管理。

“股指期货上市开启了期货行业由商品期货时代向金融期货时代的转变，为券商系期货公司发展提供了难得的机遇，许多期货公司的资金规模、人才、技术实力都发生了巨大变化。期货公司的服务对象从产业客户、投机客户拓展到了金融机构，这为期货公司的长足发展打下了坚实基础。”徐凌说。

徐凌表示，股指期货上市以后，投资者数量明显增加，投资者结构和参与方式发生了很大的改变。“股指期货客户从最初的以投机客户为主转向以机构客户为主，持仓量与交易量比例趋于合理。目前，海通期货的股指期货客户70%～80%为中小客户，包括机构客户在内的大客户在20%左右，交易资金量方面以机构客户为主。客户参与股指期货也从单纯的主观交易向程序化交易转化，并综合运用趋势跟踪、高频交易等各种策略。”徐凌娓娓道来。

在海外，无论是共同基金还是对冲基金，都十分注重期现货对冲，追求稳定的收益。徐凌表示，目前海通证券大部分头寸都被股

指期货对冲掉，由于注重头寸的保值，在2012年和2013年的股市下跌中减少了很多损失。“我们还有较大的私募基金客户，他们在股指期货上市之前只能做单边交易，但现在基本上每只产品都用期指覆盖掉大部分头寸，保持了产品的平稳盈利。”徐凌对记者说。

然而，与券商、私募相比，同样对资产安全要求较高的公募基金实际参与股指期货交易的依然不多。据统计，截至2013年11月15日，有540只公募基金产品取得了股指期货交易编码，但从上半年基金披露的报告来看，仅有南方小康ETF、南方成长、华夏300ETF、信诚沪深300等少数基金参与了股指期货交易。

徐凌表示，公募基金较少参与股指期货存在主客观原因。“公募基金多采用调整仓位的方式代替对冲交易。基金业的考核机制与人才不足等因素也使从业者主观上缺乏交易意愿。”徐凌表示，保险（放心保）机构自有资金比例较高，有较强的主观参与意愿，在监管放开后或将加快参与期市步伐。

2013年度沪深300指数期货运行分析

高子剑

文章导读

沪深300指数期货在中金所正式挂牌交易已迈入第四个年头。整体来看，沪深300指数期货维持了成交量和持仓量增加的趋势，功能逐步发挥，很好地扮演了金融衍生品开路先锋的角色。

本文原载于2013年12月12日《证券日报》B4版，出版时标题略有改动。

作者为：东方证券资深金融工程师。

Commodity 期货
A15
2013年度沪深300指数期货运行分析
成交上新台阶 “期货本色”愈加明显

沪深 300 指数期货在中金所正式挂牌交易已迈入第四个年头。身为金融衍生品的开路先锋，沪深 300 指数期货可谓不辱使命，从第一个结算日就平稳对应现货结算价，到从未有投资人爆仓，再到屡创新高的成交量和持仓量，每每令人惊艳。

一、牛市开局

2013 年，沪深 300 指数以牛市开局，但 2 月 8 日抵达全年最高点后，就未能再创新高。这段牛市是 2013 年 12 月 4 日反弹的延续。2014 年 1 月 4 日至 2 月 8 日，大盘上涨 9.86%。不要小看这个幅度，跟历史同期可比样本相比，相当于每 100 次中，涨幅超过其他样本 91.1 次，涨幅名列前矛。

这么比可能还不觉得涨势凶猛，再做一下标准化。固定为当前价格相比 20 日前价格的涨跌幅，股指期货上市后的最大涨幅为 2010 年 10 月 26 日的 21.3%，第二为 2010 年 11 月 2 日的 20.2%，第三为 2012 年 12 月 31 日的 19.6%。在排名前 30 的交易日中，21 个交易日属于 2010 年“十一”长假后的牛市，6 个交易日落在 2012 年 12 月 4 日开始的牛市，3 个交易日在 2010 年 7 月底至 8 月初。换言之，本次的反弹幅度虽不是最大，在近 3 年的历史中也能排上席次了。

2013 年 2 月 8 日是龙年的最后一个交易日，也是分水岭。2013 年 4 月 15 日，大盘下跌 12.08%，随后到 5 月 28 日是小幅反弹，幅度仅为 8.52%。接下来在“钱荒”的推动下，6 月 25 日，创下

2013 年的最低点，也是2008 年金融危机后的最低点。计算2 月8 日至6 月25 日的数据，跌幅达到21.87%。

下半年，大盘进入整理阶段。基本上是被包在上半年的震荡区间内。总计年K 线下跌7.65%，也是最近4 年的第三根阴线。这4 根年K 线的最低点越来越低，最高点也几乎是越来越低。如果把这4 根年K 线加在一起，最高点不高于2009 年，最低点也不低于2009 年，仍旧处于向下修复阶段。

二、成交量迈上新台阶

成交量快速增长是股指期货上市伊始就具备的特点，2013 年也不例外。2013 年之前的成交量（单边计）的单日历史纪录是2012 年12 月14 日的992 370 万手。2013 年1 月24 日改写为1 043 749 手，突破100 万手；3 月15 日，再改写为1 204 369 手，迈入120 万手；6 月25 日，也就是“钱荒”最严重，创下金融危机以后最低点的交易日，交易纪录改写为1 337 553 手，跨过130 万手。在此之后，虽然交易量的纪录没有再刷新，但是突破100 万手的交易日比比皆是。下半年的125 个交易日，21 日个交易日成交量突破100 万手，百万成交日不再是偶发。

股指期货的成交量有两次上台阶的过程。2010 年第二季度至2011 年第四季度，这7 个季度的日均成交量在20 万手左右。2012 年的第一季度起，成交量开始增长，到2013 年第一季度，超越70 万手。从2012 年第三季度起，按环比看，2013 年第一季度增长33.7%，2012 年第四季度增长38.3%，2012 年第三季度增长24.2%。加上2012 年第一季度增长37.2%，相当于在5 个季度中，经历了4 次快速增长。

2013 年第三季度更是惊人，日均成交量超过90 万手。总体而言，沪深300 期货的成交量越来越活络。

三、持仓量平稳增长

放眼全球所有的衍生品市场，只要是活跃的合约，持仓量增长是一个长期且必然的过程。2013年以前，沪深300期货4个合约持仓量相加的历史纪录就是2012年最后一个交易日——12月31日的110 386手。2013年1月11日和14日，连续两个交易日纪录推高至112 603手和120 439手，2月5日至7日改写为123 140手、124 062手和133 907手。2月20日，纪录又被刷新为134 810手。

在此之后，虽然持仓量没有再创新高，但不是衰退，而是维持在高位。除了还有两个高点，6月6日的133 937手及12月11日的134 555手以外，全年日平均持仓量为106 599手，远高于2012年的76 664手。

持仓量的稳定增长说明利用股指期货进行各类交易策略的投资人不断增加，也扩大了沪深300期货接纳各种投资需求的容量。

四、期货本色愈加明显

最后一种衡量的维度是期货的日振幅与现货的日振幅。与价差的逻辑稍稍相反的是，期货的日振幅应该比现货大。这是为什么？试想，期货是对冲的工具，上涨时买进的力量更大、让期货价格更高，下跌时卖出的力量更大、让期货价格更低，这才是正常的。就像汽车中的奥迪与奥拓，奥迪的加速更快，制动也要更强。期货有杠杆，当然更像奥迪车。

在沪深300期货交易的历史上，以近月合约为基准，69%的交易日，期货的日震荡幅度大于现货的日震荡幅度，正好印证上述观点。2013年全年，该比例为77%，高于历史平均值，说明沪深300期货更具备“期货本色”。当然，这也跟大盘的波动性有关。例如，2012年第二、第三季度该比例仅为56%和57%，正是因为当时的阴跌行情，大盘波动率节节下降，无法激起投资人追涨杀跌的热情。

综合以上分析，2013 年的沪深 300 指数期货维持了成交量和持仓量增加的趋势。股指期货上市已经迈入第四年，相信沪深 300 指数期货一定能继续扮演好金融衍生品开路先锋的角色。

中国金融期货交易所
China Financial Futures Exchange

行 业 革 新

金融期货促进财富管理行业健康发展

胡政　张晓刚　韩冰洁　常鑫鑫

文章导读

从境外实践来看，依靠专业机构为民众提供财富管理服务是大趋势，而中介机构在进行财富管理时必须要进行风险管理，金融期货则是管理风险进而管理财富的重要手段。第一，金融期货为财富管理提供了良好的风险管理工具。第二，金融期货的出现丰富了财富管理者的投资策略选择，提供了更有效率的资产配置方式。第三，金融期货降低了全球投资者进行财富管理的市场冲击成本。随着财富管理市场规模的扩大，需要更加多样的投资渠道，这对利用衍生品市场管理投资组合风险提出了更高的要求。因此，加快发展我国金融期货市场，从而促进财富管理行业健康发展有着重要意义，主要体现在：第一，提高市场深度，进一步发挥场内衍生品市场的功能。第二，扩展市场广度，进一步完善场内金融衍生品市场产品序列。第三，顺应行业发展趋势，进一步完善市场参与者结构。

本文原载于2013年12月4日《上海证券报》A6版。

作者分别为：中国金融期货交易所总经理；中国金融期货交易所研发部总监；中国金融期货交易所研发部员工。

Research 研究·财富

金融期货促进财富管理行业健康发展

改革开放35年来，我国经济持续高速增长，积累了大量社会财富，尤其是我国居民储蓄率较高，财富管理行业的发展具有特殊的重要意义。十七大报告首次提出，要“创造条件让更多群众拥有财产性收入”。十八大报告进一步明确提出，“多渠道增加居民财产性收入”。过去，由于缺乏投资工具和缺少专业财富管理机构，居民理财只能投资于股票、国债甚至房地产等，且大多依靠个人智慧和主观判断。而现在，令人眼花缭乱的理财产品和理财机构层出不穷，投资产品越来越多，综合性和专业性越来越强。从境外实践来看，依靠专业机构为民众提供财富管理服务是大趋势，而中介机构在进行财富管理时必须要进行风险管理，金融期货则是风险管理最重要的工具。财富管理机构通过参与金融期货市场，可以实现金融期货市场与社会财富管理机构的良性互动，使广大投资者尤其是中小投资者都能分享资本市场和国民经济的发展成果。

一、金融期货是投资者管理风险进而管理财富的重要手段

从境外发展经验看，作为金融市场风险管理和资产配置的工具，金融期货被各类机构广泛应用。2012年美国期货业协会（FIA）公布的数据显示，全球场内衍生品交易量为212亿手，其中金融衍生品交易量为179亿手，占比高达84.4%。随着金融期货的兴起，资产管理公司、基金公司、保险公司等财富管理机构越来越重视金

融期货在风险管理、资产配置、市场流动性等方面的应用。

（一）金融期货为财富管理提供了良好的风险管理工具

金融期货广泛使用于财富管理的各个层面和各类机构中。欧盟公布的数据显示，2006年欧洲各国共同基金使用衍生品的比例分别是：西班牙80%、德国77%、法国61%、爱尔兰58%、意大利50%、卢森堡45%、英国30%。

金融期货的主要功能是帮助现货投资者管理风险，将投资者不愿意承担的风险从资产组合中分离出来，从而提高财富管理的针对性和稳定性。例如，利用标准普尔500股指期货对冲股票型基金资产组合中的系统风险（贝塔风险），保留基金资产组合的非系统风险，从而获得阿尔法收益。以台湾地区为例，2008年4月到2009年3月底，台湾地区股票市场下跌将近40%，股票基金也下跌31%，而深度参与金融期货市场的财富管理机构避险后资产平均仅亏损10%，实现了30%的超额收益率。

当然，不同机构的业务模式不同，因而交易金融期货的方式也有所不同。美国商品期货交易委员会（CFTC）公布的持仓报告数据显示，2013年11月12日，美国交易商和中介机构持有标准普尔500股指期货10.9%的多头和39.1%的空头，持有美国长期国债期货4.6%的多头和23.4%的空头。为了规避现货头寸的风险，交易商和中介机构保留了更多的空头持仓。除了交易商和中介机构，杠杆基金在标准普尔500股指期货和美国长期国债期货上的空头持仓也远远高于多头持仓。持有大量空头期货头寸的原因是他们持有大量的多头现货头寸，而不是因为对市场看空。

（二）金融期货的出现丰富了财富管理者的投资策略选择，提供了更有效率的资产配置方式

金融期货出现之后，机构进行财富管理有了更多方式或策略选

择。例如，某美国养老基金公司从居民手中获得了新的资金，准备建立1 000万美元的标准普尔500指数组合，有两种建仓方式：一种是将1 000万美元直接购买标准普尔500样本股票现货，另一种是购买对应的标准普尔500股指期货，假设支付保证金120万元，将剩余的880万元购买无风险或低风险证券（短期国库券、货币市场产品等）。第二种投资方式是对第一种投资方式的替代，可以在价格相对有利时建仓，并能够获得额外的短期国库券或货币市场产品的收益，从而提高整个资产组合的总收益。

在美国，金融期货已经成为资产管理机构优化资产配置的重要工具。CFTC公布的持仓报告数据显示，2013年11月12日，美国资产管理机构在迷你标准普尔500指数期货、标准普尔500指数期货、纳斯达克100指数期货上的空头持仓分别为15.4%、18.1%、4.7%，对应的多头持仓却高达43.9%、38.6%、48.4%。对比交易商和杠杆基金的持仓可以发现，美国资产管理机构的多头持仓远远高于空头持仓，表明资产管理机构选择一定比例的股指期货来替代现货指数的投资，而不是全部用于对冲现货头寸的风险，投资替代能够在资金成本更低的情况下获得更高、更稳定的指数收益。

（三）金融期货降低了全球投资者进行财富管理的市场冲击成本

相比现货市场，金融期货市场拥有更大的市场容量和更充足的流动性，能够降低财富管理的冲击成本。在没有金融衍生品市场的情况下，当基金面临申购和赎回时，只能通过两种方式来实现：一是立刻使用市价指令交易调整资产组合，从而面对较大的市场冲击成本；二是保持现有资产组合头寸不变，并用限价指令进行交易，尽管冲击成本降低，但可能面临更大的时间成本和未成交风险。在金融期货出现以后，基金公司可以通过参与金融期货来降低市场冲击成本，也就是所谓的"现金证券化"。当基金面临资金流入时，可以选择持有相应价值的股指期货合约多头，并逐步将资金以限价指令购买股票，在快速达到资金配置要求的同时，能最大程度地降低市场冲击成本；当资金流出时，可以采取相反的策略。

二、我国财富管理行业的发展需要与金融期货市场形成良性互动

随着我国经济健康快速发展，社会财富不断积累，对财富管理需求越来越大，同时也要求金融期货市场进一步完善。招商银行与贝恩咨询发布的《2013 年中国私人财富报告》表明，2012 年中国个人总体可投资资产规模达到 80 万亿元人民币，与 2010 年相比，年均复合增长率达到 14%。我国财富管理行业规模也不断扩大，到 2013 年第三季度末，我国银行的理财产品余额超过 12 万亿元，信托公司的信托资产规模约为 10.1 万亿元，保险公司总资产规模约为 8.1 万亿元，基金公司管理资产达到 3.9 万亿元。财富管理市场规模的扩大需要更加多样的投资渠道，对利用衍生品市场管理投资组合风险提出了更高的要求。

（一）金融改革大背景下，未来金融资产价格波动加剧，财富管理的避险需求增加，金融期货市场将充分发挥管理价格波动风险的功能

金融期货市场的产生与发展是与金融资产价格的波动紧密相连的。20 世纪 70 ~ 80 年代，布雷顿森林体系瓦解，西方各国的汇率、利率、股票等价格大幅波动。在这样的背景下，为管理金融市场波动风险，金融期货应运而生：1972 年出现外汇期货、1975 年出现利率期货、1982 年出现股指期货，等等。

在我国近几年来持续推进的利率市场化、汇率自由浮动、资本项目开放、人民币国际化等金融改革大背景下，金融资产价格的波动将加剧。我国 2010 年 6 月重启汇率改革以来，人民币进入持续单边升值阶段，美元兑人民币汇率由 6.7968 下降到 6.0920，汇率变动近 12%。随着金融改革的持续深入，金融资产价格波动风险加

大，要求金融期货市场健康有序发展，提供经济风险管理平台，充分发挥管理金融资产价格波动的市场功能。

（二）客户财富管理需求日益差异化、多元化，财富管理机构需要根据不同客户的风险收益及流动性偏好，量身定制个性化产品，金融期货市场将发挥优化资产配置功能

各财富管理机构已形成多梯次的客户群体，不同种类客户在财富规模、生命周期、风险偏好等方面都存在显著差异。经过多次经济危机后，面对市场前景的不确定性，财富管理者对风险的认知更为深入，无论是世界范围内还是我国投资者，风险偏好均趋于中性和稳健。即使是居民中风险承受力最强的高净值人群，目前也出现增加避险资产配置、倾向中低风险投资的趋势。

金融期货本身是零和交易，是工具而不是资产，不存在股市的财富效应，但它可以与股票、债券等其他金融资产进行组合，可以保持投资组合风险中性、优化资产配置。财富管理机构可以根据客户的风险承受能力，利用股指期货等金融期货对股票、债券等传统投资品种进行分解组合，形成特点各异的投资产品，增强产品的多样性与灵活性，使产品收益和风险特性与客户收益预期和风险偏好相适应，为客户提供完整的个性化金融创新服务。

（三）财富管理行业趋于专业化、精细化，金融期货市场可以满足各类财富管理机构的风险管理需求、促进财富管理行业创新

2013 年 6 月份开始实施的新《基金法》进一步打破行业藩篱，使银行、证券、保险、信托等都可成为财富管理机构。机构间竞争取胜的关键在于培养差异化服务能力，具备产品与服务的独特创新能力，这也需要财富管理机构更多借力金融期货市场。金融期货市场的发展有利于改善金融产品创新的市场环境，在设计、发行和避险等方面为金融产品创新提供便利条件。金融期货市场是当前全球

金融市场创新的主要领域，也是财富管理行业健康发展的重要保障。我国股指期货上市以后，证券公司、期货公司、私募基金等财富管理机构利用股指期货对冲手段设计了基于套利、保本、流动性管理和绝对收益策略的理财产品，针对性强，得到市场的普遍接受和欢迎。据不完全统计，超一成以上的新发行理财产品都会使用股指期货，目前总数接近400只。

（四）财富管理行业的健康发展将促进中小投资者通过财富管理机构间接参与金融期货市场，规避投资风险的同时，保护中小投资者的合法权益

长期以来，一些中小投资者习惯进行波段操作，或听消息、或赌政策，久而久之形成“追涨杀跌”的投机氛围。特别是一些中小投资者资金量少，又习惯于频繁出入市场，消耗了大量的手续费等交易成本。相对来讲，财富管理机构投资策略更成熟、更专业，具有谨慎投资、流动性偏好、逆趋势追踪行为等特征。财富管理机构对金融期货的需求通常与现货市场相对应，不会经常性地频繁交易，报价也以限价单为主，从而保证了市场的稳定，有利于金融期货市场风险管理功能、价格发现功能的发挥。

金融期货市场的发展完善要惠及众多中小投资者，但这并不意味着中小投资者要直接参与金融期货市场。我国金融期货市场在创立之初，就设立了投资者适当性制度，在开户环节明确了“有资金、有经验、有知识”的具体标准，坚持落实“将适当的产品销售给适当的投资者”。大部分中小投资者风险承受能力较低，不适合直接参与金融期货市场，因而适当性制度的基本出发点是保护中小投资者。财富管理行业的健康有序发展，将促使中小投资者通过财富管理机构间接参与金融期货市场，既能通过机构等专业投资者利用金融期货市场实现风险管理，又能使自身权益得到有效保护。

三、加快发展我国金融期货市场，促进财富管理行业健康发展

我国衍生品市场主要分为场外衍生品市场和场内衍生品市场。场外衍生品市场主要在银行间市场，包括利率类与外汇类衍生品，已有远期、互换、期权等产品种类；场内衍生品市场已上市36个商品期货品种、沪深300股指期货与5年期国债期货两个金融期货品种。我国“十二五”规划中明确提出“推进期货和金融衍生品市场发展”；十八届三中全会后发布的《中共中央关于全面深化改革若干重大问题的决定》中指出，要“健全多层次资本市场体系”、“鼓励金融创新，丰富金融市场层次和产品”。现在，市场日益增加的风险管理需求与场内金融衍生品供应不足是我们面临的主要矛盾。因此，要加快发展金融衍生品市场，特别是补上场内金融衍生品市场的短板，不断拓展市场的深度和广度，促进财富管理行业的健康发展。

（一）提高市场深度，进一步发挥场内衍生品市场的功能

财富管理机构利用金融期货为客户设计结构化产品后，通常的做法是先在机构内部进行头寸间的抵消，剩余的风险暴露通过购买场内标准化产品进行对冲，使机构自身处于风险中性状态。场内衍生品市场的深度与流动性是财富管理机构有效管理投资风险的重要保障。中国金融期货交易所（中金所）自2010年4月上市沪深300股指期货以来，市场运行质量稳步提升，成交持仓比日趋下降，市场深度、冲击成本、订单质量不断改善，逐步趋近国际水平。2013年1～10月累计成交1.62亿手，同比增长106.17%，总成交金额118.13万亿元，同比增长105.20%，在全球股指期货成交量中排名第五。

市场参与者的供求关系决定市场价格的形成，投资者的参与制

度与投资行为决定市场微观结构。2013 年 8 月，中金所已对《中国金融期货交易所套期保值与套利交易管理办法》作出修订，将符合要求的创新产品和策略纳入套期保值管理，为券商利用股指期货和国债期货等场内风险管理工具对冲场外衍生产品及结构化理财产品的风险提供便利。未来中金所将在风险可控的前提下，进一步降低市场成本、提高市场效率、优化相关制度，继续加大机构投资者，特别是资产管理机构的引进力度，改善金融期货市场参与者构成，促进市场功能发挥。

（二）扩展市场广度，进一步完善场内金融衍生品市场产品序列

成熟衍生品市场中，完善的产品体系和丰富的合约种类是衍生品市场功能发挥的基础。美国的衍生品市场中，商品期货涵盖了农产品、禽产类、金属类等 1 100 多个品种，金融期货涵盖利率类、外汇类、信用类、股权类等 400 多个品种。美国各大交易所提供包括利率期货、利率期权、ETF 期权、股指期货、股指期权、个股期货、个股期权、外汇期货、外汇期权在内的各种金融期货品种。

在股指期货平稳运行 3 年后，中金所成功推出 5 年期国债期货，为市场提供了利率风险管理手段，有利于固定收益类财富管理产品的设计与开发，促进财富管理机构业务创新。截至 2013 年 12 月 1 日，参与国债期货交易的 77 个特殊法人账户中，资产管理产品 38 个，很多公司的产品创新还在进行之中。在保证 5 年期国债期货平稳安全运行的基础上，其他利率期货品种还应继续开发完善，满足收益率曲线上各主要期限利率风险管理需求，促进利率市场化和债券市场发展。

股指期权是重要的场内衍生品，与股指期货等相互配合，能够构建起较为完整的场内风险管理体系，特别是期权盈亏具有非线性特征，便于财富管理机构设计真正的保本产品和各类结构化产品。中金所于 11 月 8 日正式启动全市场沪深 300 股指期权仿真交易，首

日参与仿真交易的法人和自然人账户共190个。全市场仿真交易启动以来，市场运行平稳、理性、有序，技术系统运转正常。

（三）顺应行业发展趋势，进一步完善市场参与者结构

金融市场中介机构仅仅依靠通道业务越来越难以在新市场环境下获得竞争优势，必须向财富管理业务转型。近年来，监管层大力推动市场机构的资本中介业务，证券公司创新子公司与期货公司风险管理子公司数量不断增加，证券市场的场外金融衍生品交易、期货公司的CTA等业务规模不断扩大。

金融期货市场能够帮助机构投资者克服财富管理行业自身的周期性特征。机构投资者合理运用股指期货管理现货风险，在股市三年半来总体下跌的情况下，累计避险减亏172亿元。实践中，利用股指期货开发的财富管理产品也获得较好收益。沪深300股指期货上市后，新发行的证券公司资产管理产品中约有一成将股指期货作为投资标的，使用股指期货的券商资管产品净值增长率为2.67%，未使用股指期货的券商资管产品净值增长率仅为0.24%。

未来，金融期货市场功能还需进一步发挥，要进一步做好服务工作，加强市场培育和投资者教育。一方面，引导非专业投资者更多通过中介机构的专业服务来管理好自己的财富；另一方面，通过培训、交流，不断提高市场服务机构的专业化水平，尤其是提高财富管理机构的风险管理能力，满足广大居民和企业的财富管理需求。

股指期货在财富管理中大有可为

吴泱　李豪

文章导读

随着我国金融机构资产管理业务的蓬勃发展，机构需要越来越完善的金融工具来进行风险管理，股指期货套期保值功能的重要性日益凸显。这主要体现在：第一，股指期货在财富管理领域有广阔的应用空间；第二，股指期货能显著降低大盘风格公募基金的系统性风险；第三，沪深300股指期货可用于稳定资管产品的超额收益。

本文原载于2014年2月20日《上海证券报》A5版。

作者分别为：国泰君安期货金融衍生品研究所所长；国泰君安期货金融衍生品研究所研究员。

随着我国金融机构资产管理业务的蓬勃发展，机构需要越来越完善的金融工具来进行风险管理，股指期货套期保值功能的重要性日益凸显。研究表明，现有的沪深300（2214.509，-49.78，-2.20%）股指期货有能力在基金业中发挥风险管理作用，还可有效实现资管产品的Alpha策略。

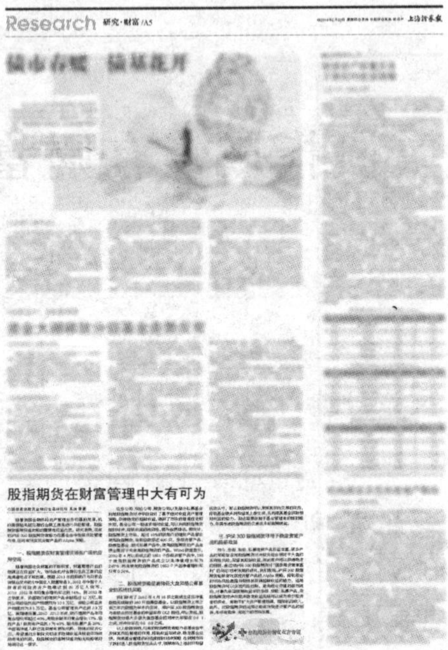
Research 研究·财富/A5

股指期货在财富管理中大有可为

一、股指期货在财富管理领域有广阔的应用空间

随着我国社会财富的不断积累，财富管理行业的规模正在日益扩大，市场由此对金融衍生品工具的应用渠道也在不断拓展。根据2013年招商银行与贝恩咨询联合发布的《中国私人财富报告》，2012年中国个人持有的可投资资产规模达到80万亿元人民币，2010~2012年年均复合增长率达到14%。到2013年第三季度末，我国银行的理财产品余额超过12万亿元，信托公司的信托资产规模约为10.1万亿元，保险公司总资产规模约为8.1万亿元，基金公司管理资产达到3.9万亿元。就增速来看，2010~2012年间，银行理财产品年均复合增长率超过40%，寿险余额年均复合增长17%，信托产品（除房地产信托）为40%，阳光私募产品为35%。中国高净值人群已逐渐拥有更加成熟、稳健的投资心态，希望通过分散投资和追求稳健收益来规避市场波动带来的风险，股指期货的套期保值功能无疑能很好地满足这一要求。

证券公司、保险公司、期货公司，以及部分私募基金利用股指期货对冲手段设计了基于绝对收益资产的管理策略，获得了稳定的超额收益，得到了市场的普遍接受和欢迎。基金公司一般追求相对收益，可以利用股指期货择时对冲，降低收益的波动性，提升业绩排名。据统计，股指期货上市后，超过10%的新发行的理财产品都会使用股指期货，目前总数接近400只。券商资管产品、股票型基金、阳光私募产品中，使用股指期货的产品业绩全面好于未使用股指期货的产品。万得资讯（Wind）数据显示，2010年4月以后成立的1 851个券商资管产品中，198个使用股指期货的产品成立以来净值增长率为2.67%，而未使用股指期货的1 653个产品净值增长率只有0.24%。

二、股指期货能显著降低大盘风格公募基金的系统性风险

我们研究了2010年4月16日之前成立且日净值数据无间断的360只股票型基金。以股指期货上市之后3年内数据为样本内区间，用沪深300股指期货当月连续合约对基金的收益率作OLS回归，可以发现，股指期货对绝大多数大盘型基金的对冲比率都在0.6~1之间，对冲效率在0.6~0.9之间。

以上数据说明，已有的股指期货有能力在基金业中发挥其风险管理的作用，降低收益率波动，稳定基金业绩。如果基金管理机构选择择时对冲策略，在预期市场下跌时进入股指期货空头头寸，预期市场上涨时只保留现货头寸，那么股指期货可以发挥其双向交易的优势，降低基金损失而保留其上涨空间，从而提高基金获取相对收益的能力。但是，这需要依赖于基金管理者的择时能力，并需考虑股指期货的交易成本和展期损益。

三、沪深300股指期货可用于稳定资管产品的超额收益

如今，券商、保险、私募理财产品日益丰富，很多产品的策略旨在用股指期货对冲投资组合相对于大盘的系统性风险，保留其超额收益，如此客户可以获得稳定的回报。通过对沪深300股指期货

对“国泰君安君享富利”的动态对冲效果进行研究，我们发现，沪深300股指期货能够有效实现资管产品的Alpha策略，降低组合的市场风险暴露并保持其获得超额收益的能力。运用股指期货可以实现风险控制，避免组合市值的剧烈波动，对事先承诺预期收益率的券商、保险、私募产品，用股指期货对冲风险来稳定收益无疑可以成为吸引投资者的卖点，有助于扩大资产管理规模，增加机构收入。此外，对股指期货的运用还能有效促进资管产品的创新，形成有竞争、有活力的市场氛围。

兴业信托：股指期货让对冲基金市场更成熟

郭　昕

文章导读

兴业信托证券信托副总监云志杰表示，已成功运行三年多的股指期货让对冲基金市场变得愈发成熟。股指期货让阳光私募实现了对冲策略，进而给这个市场带来了质的变化。目前，对冲基金市场中性策略产品整体收益表现稳定，对冲基金规模迅速扩大，受市场的认可程度也越来越高。

本文原载于2014年1月6日《期货日报》2版，出版时标题略有改动。

“已成功运行3年多的股指期货让对冲基金市场变得愈发成熟。”兴业信托证券信托副总监云志杰在接受期货日报记者采访时表示：目前，对冲基金市场中性策略产品整体收益表现稳定，对冲基金规模迅速扩大，受市场的认可程度也越来越高。

期货日报 | 新闻通览

上周27家公司获IPO批文

股指期货让对冲基金市场更成熟

选股型产品“靠天吃饭”的局面改变

云志杰说，股指期货让阳光私募实现了对冲策略，进而给这个市场带来了质的变化。在股指期货上市前，中国私募基金指数与沪深300运行情况相关性很高，而随着2010年4月股指期货的推出，市场上开始出现大量阿尔法产品，其走势和大盘相关性很小，追求不随市场涨跌影响的绝对收益，产品收益曲线稳定性更高，以往贝塔选股型产品“靠天吃饭”的局面开始改变。

据了解，阿尔法产品整体回撤比率较小，收益均值为8%～10%，对冲产品收益曲线平滑，稳定性较高。目前，阿尔法对冲类产品总体规模已超过100亿元，在信托平台发行的单一产品最大规模超过10亿元。“股指期货推出前，原有的择时选股策略要精选少数个股，而有了对冲工具后，就可以选一揽子股票，产品的容量变大了，阳光私募开始快速成长起来。”云志杰说，目前兴业信托平台阿尔法产品已超10亿元，单一产品最大规模达3亿元以上。

市场中性产品在运行中稳定度提升、规模扩大，也获得了市场的认可。“过去阳光私募只能通过信托、券商资管发行产品，并且对换手率有一定要求。银行只愿意给阳光私募结构化产品中的优先部分配资，而目前银行已开始接受阿尔法管理型产品了。”云志杰表示，随着市场认可程度的逐步提高，未来阳光私募规模也将进一步扩大。

据了解，阿尔法产品采用股指期货对冲系统风险，在股指期货交易中交易频率较低，在股票现货端则调整较多。由于国内股市板块轮动效应明显，业内期待推出更多指数期货产品，以便对冲风险。云志杰表示，兴业信托将做好信托平台服务功能，提供更加高效的估值、清算、托管产品等基本服务，同时探索流动性较好的固定收益产品和灵活的场外期权产品，为私募提供工具支持。

近八成券商已参与股指期货

饶红浩

文章导读

随着券商自营和资管参与股指期货市场政策的进一步放开，券商利用期指的力度和效益都显著提升。目前，券商已有近八成参与了股指期货交易，成为期指市场的机构主力。

本文原载于2013年12月30日《期货日报》2版。

近八成券商已参与股指期货

阿尔法策略被券商广泛使用，并取得了不俗业绩

随着券商自营和资管参与股指期货市场政策的进一步放开，券商利用期指的力度和效益都显著提升。据期货日报记者了解，目前券商已有近八成参与了股指期货交易，成为期指市场的机构主力。截至2013年11月15日，股指期货市场有机构户190家，机构产品账户1 359个，其中证券自营账户72个，证券资管产品账户304个。

“2012年11月，证券公司自营、资管、经纪业务相关风险资本准备计算比例的要求有所降低，券商在既定净资本下可交易的期指量大幅增加。2013年公司可以交易的期指量几乎比之前增长了一倍。此前公司曾为留够自营的期指额度，不得不减少在其他业务上的期指额度。”一家券商有关人士向记者透露。

与此同时，券商利用期指也越来越灵活。2012年11月，券商自营利用期指从仅能参与套保扩大到可投机、套利等，大大提高了券商利用期指的积极性，券商利用期指的策略也在“随机而动”。

“沪深300指数期货上市初期，期现价差较大，一些无风险套利策略收益颇丰。后来出现了负价差，券商又使用反向套利策略。近年来，价差缩小并稳定下来，阿尔法策略开始被券商广泛使用”，广发证券资管部负责人傅竹介绍说。

2013年券商积极发行使用阿尔法策略的产品，取得了不俗业绩。据了解，2013 年不少券商的阿尔法策略取得了 10% ~15% 的收益，有些券商的收益甚至更为可观。“阿尔法策略除考虑阿尔法因子外，价差稳定性也很重要。如果价差不稳定，就可能会吞噬掉阿尔法收益。如果价差稳定，机构基本可以不考虑何时建仓的问题，只考虑阿尔法因子即可”，傅竹说。

随着理念的不断创新，券商资管运用股指期货的策略也在不断演变。傅竹表示，这种变化主要体现在三个方面：一是资产管理人在面临投资风险时由被动接受变为主动管理；二是资产管理人在投资策略管理、风险管理、流动性管理、产品创新上理念发生巨大变化，开始出现多空对冲产品和期现匹配的产品；三是催生资产管理人行业生态上的分化，促进资产管理人培育自身专业化、差异化的竞争优势。

中国金融期货交易所
China Financial Futures Exchange

期现关系

美股连年“走牛”的启示

张慎峰

文章导读

美国股市持续上涨的深层次原因值得探寻。国际金融危机后美国股市一枝独秀，主要原因有以下六方面：第一，美国宏观经济整体复苏，持续向好；第二，流动性充裕降低企业成本，提升产业业绩；第三，高科技和新兴产业表现抢眼，助推股市上涨；第四，超低利率反衬股市投资价值，大大提升股市吸引力；第五，风险管理工具的广泛应用增强了持股信心，吸引了长期资金入市。

本文原载于2014年1月20日《人民日报》18版，出版时略有改动。

作者为：中国金融期货交易所党委书记、董事长。

近期，中美经济与股市表现的对比成为热门话题。不少人认为，美国作为前次金融危机的发源地，经济熊冠全球，股市却牛冠全球，而中国恰好相反，好像二者都出现了匪夷所思的“股市与经济基本面背离”的状况。美国股市为何一枝独秀，其深层次原因值得探寻。

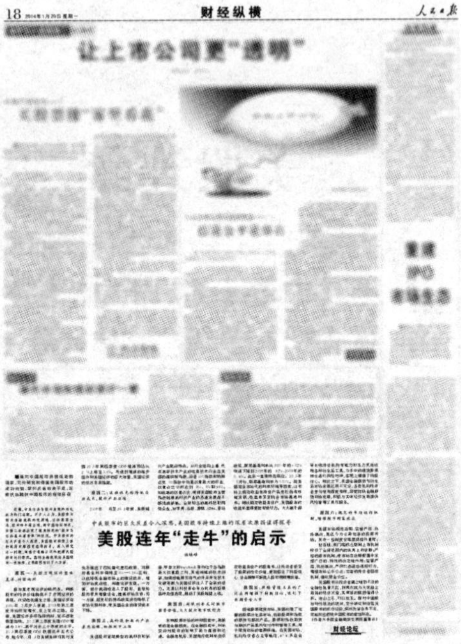
18 财经纵横
让上市公司更“透明”
美股连年“走牛”的启示

原因一：美国宏观经济整体复苏，持续向好

股市是宏观经济的晴雨表。判断股市的投资价值脱离不了宏观经济的表现。次贷危机爆发之后，美国经济自 2007 年 12 月步入衰退，2009 年第三季度开始恢复增长，走上复苏之路。目前，美国经济多项指标向好，复苏迹象明显加快。2013 第三季度美国 GDP 增速为 2. 8%，高于过去 3 个季度的水平；2013 第四季度 GDP 数据还未正式公布，但 2014 年 1 月 13 日美银美林将其对美国 2013 年第四季度 GDP 增速预估从 2. 1% 上修至 3. 5%。考虑到增速的稳步回升和美国经济的巨大体量，美国经济的复苏非常稳健。

原因二：流动性充裕降低企业成本，提升产业业绩

2008 年 11 月至 2012 年底，美联储先后推出了四轮量化宽松政策，将联邦基金利率调降至 0 ~ 0. 25% 区间，以此降低金融市场上的借贷成本，增加市场流动性，刺激经济发展。一方面，部分流动性进入了股市，直接给股市带来增量资金，推高市场走势；另一方面，超宽松的货币政策成功降低了市场长期利率，使美国企业的借贷成本下降。

原因三：高科技和新兴产业表现抢眼，助推股市上涨

美国股市呈现典型的高科技和新兴产业驱动特点。从行业结构上看，代表高新技术产业的信息技术行业在美国的道琼斯指数、标普 500 指数和纳斯达克 100 指数中均是权重最大的行业，权重占比分别达到 19%、18% 和 55%。如此高的权重占比使得美国股市主要指数随着高科技产业的迅速发展而不断挑战新高。全球知名的高科技和网络企业，如苹果、谷歌、微软、IBM、亚马逊、甲骨文和 Facebook 等均位于各指数最大权重股之列，其他领域的技术创新，如清洁能源页岩气的开采开发技术突破等都为美国经济注入了全新的活力。正是以科技革命等为代表的股票品种走强表现推动了美股稳健上涨。

原因四：超低利率反衬股市投资价值，大大提升股市吸引力

影响股票市场的种种因素中，最敏感的是金融因素。在金融因素中，利率变动对股市的影响又最为直接和迅速。金融危机后，美国推行低利率货币政策，联邦基准利率从 2007 年的 5.02% 快速下降到 2008 年的 1.92%、2009 年的 0.16%，此后一直维持在低位。2013 年 12 月，联邦基准利率为 0.07%，而美国完全市场化的利率环境等因素让市场上固定收益类投资产品宽松而有序地发展，收益率紧紧贴合市场基准利率。相比固定收益类资产，美国股市的收益率显得更加有吸引力，大大高于固定收益类资产的股息率，让投资者感受了股票的投资价值，更加坚定了持股信心，资金源源不断流入股市便顺理成章。

原因五：风险管理工具的广泛应用增强了持股信心，吸引了长期资金入市

围绕股票现货市场，美国构建了完整的股票衍生品市场，包括股票和指数的期货与期权产品。股票和指数期货与期权产品是风险对冲和管理工具，用于现货市场的套期保值。在美国市场，机构投资者占主导地位，如401K养老金等长线投资机构持股规模达到14万亿美元，占美股总市值的46%，他们有能力和实力灵活应用各种衍生品工具，为手中的现货股票持仓进行风险对冲，客观上增强了持股信心。相比之下，我国金融期货与衍生品市场发展还很不充分，各类机构投资者参与使用程度有限，需要加快金融期货市场发展，积极为实体经济发展提供风险管理工具与服务。股指期货是股市的“减震器”，恰恰不是国内有些人认为的“股指期货是股市下跌的原因”。

可见，美国股市一路走牛，从投资者唯恐避之不及的金融危机重灾区，到再次成为大家趋之若鹜的投资天堂，其良好的经济状况、合理的产业结构、超低利率环境和完善高效的风险管理市，都是重要条件。这提醒我们，同样应该从更宽广的视角来看待中国股市。就指数走势来讲，没有这些基础条件，中国证监会和交易所也是巧妇难为无米之炊。

如何看待股指期货的升贴水

张慎峰　蔡向辉　刘锋

文章导读

沪深300指数期货上市以来，社会普遍关注其升贴水情况。股指期货上市三年半来，期现货市场拟合度较高，未出现长期系统性偏离，市场定价有效、质量较高，股指期货主力合约与沪深300指数相关系数达到99.89%。总体上，以升水为主，期货价格总体偏高。

综合境内外研究及实践情况来看，股指期货升贴水刻画的是期现货之间的价差，主要受金融市场利率、股市分红、微观资金成本、套利力量、市场情绪等影响。升贴水不代表定价有偏差，也不是看多或看空的有效标志，更不是股市走势的指南针。

本文原载于2013年11月26日《中国证券报》A1版。

作者为：中国金融期货交易所党委书记、董事长；中国金融期货交易所投资者教育中心副总监；中国金融期货交易所博士后。

中国证券报

如何看待股指期货的升贴水

股指期货与现货指数价格的差被称为基差，当股指期货价格高于现货指数价格时，股指期货处于升水，基差为正；反之，股指期货处于贴水，基差为负。股指期货上市以来，社会普遍关注其升贴水情况。有观点认为，升水就是做多看多、贴水就是做空看空股市的标志，甚至将股市下跌归罪于股指期货贴水。这是对境外市场个别观点的不当概括，很值得商榷。综合境内外研究及实践情况来看，股指期货升贴水主要受金融市场利率、股市分红、微观资金成本、套利力量、市场情绪等影响，升贴水不代表定价有偏差，也不是看多或看空的有效标志，更不是股市走势的指南针。

一、沪深300股指期货升贴水情况总体良好

三年半来，股指期货升贴水情况总体良好，日趋成熟，为套保开展和功能发挥奠定基础。

（一）期现货高度拟合，升贴水幅度总体合理

定价有效性是市场最基础、最核心的问题。三年多来，沪深300指数期货呈现出了“量增价稳”的基本态势，期现货紧密联动，未出现长期系统性偏离，市场定价有效、质量较高，令人满意。

1. 期现货市场拟合度较高。三年多来，股指期货主力合约与沪深300指数相关系数达到99.89%。

2. 期现套利空间小。三年半来，95.62%的交易日内基差维持在±1%以内，基差较小，2012年全年平均只有4.99点（即期货价格高于现货价格4.99点），期货价格大都处于无套利区间内，未出现长期系统性偏离。

3. 股指期货市场呈现出信息有效特征。通过Lo和Mac Kinlay（1988）方差比检验方法发现，沪深300股指期货市场是信息有效的，即股指期货市场能够充分反映市场所能得到的公开信息，价格呈现出不可预测而随机游走特征。

A14·专题

如何看待股指期货的升贴水

沪深300股指期货升贴水情况总体良好

对股指期货升贴水含义及其象征意义要有准确把握

股指期货今年贴水较深是分红、"钱荒"及反向套利乏力共同作用的结果

（二）以升水为主，期货价格总体偏高

沪深300股指期货定价偏高，包括两层含义。

1. 期货价格总体高于现货指数，即以升水为主。截至2013年11月15日，我国沪深300股指期货平稳运行了867天，其中主力合约[①]升水为589天，占67.94%；当月合约升水为551天，占63.55%。分年度看，主力合约2010年的升水天数比例为87.36%，2011年为70.90%，2012年为77.78%，2013年截至11月15日为36.41%。

2. 期货实际价格高于理论价格。理论价格由持有成本模型计算得到。以F表示股指期货理论价格，S表示指数当期价格，r表示融

① 此处将交易量最大的合约定义为主力合约。

资利率，y 表示年股息率，Δt 表示距合约到期的天数，单利计息情况下，股指期货理论价格表示为：$F = S \times [1 + (r - y) \times \Delta t / 360]$。2013 年之前，股指期货定价高于理论价格的交易天数达到 56.13%（见表 1），其中 2010 年更是达到了 74.14%。一般来看，股指期货市场建设初期，散户参与比例较大且多秉持股票做多思维，而机构套期保值、套利力量不足，这是期货定价偏高的重要原因。中国金融期货交易所金融实验室[①]从投资者结构与交易指令不平衡性的角度实证分析了我国股指期货市场长期升水为主的现象，认为投资者结构不完善、套利套期保值力量较弱是主要原因。

表 1　股指期货实际价格高于理论价格的交易日数

期　间	交易日（天）	定价高于理论价格的交易日数（日）	占比（%）
2010 年	174	129	74.14
2011 年	244	107	43.85
2012 年	243	135	55.56
2013 年 1 月 1 日～2013 年 11 月 15 日	206	39	18.93
2010 年 4 月 16 日～2012 年 12 月 31 日	661	371	56.13
2010 年 4 月 16 日～2013 年 11 月 15 日	867	410	47.29

注：此处理论价格计算采用了 6.3% 的年化利率。此利率由 2011 年、2012 年两年无分红月份股指期货主力合约定价反推得到。此研究来自长江证券李建伟先生的研究成果。

（三）期货定价逐年优化，定价效率持续提高

随着股指期货市场参与者结构不断优化，投资者更加理性，期货定价有效性总体有所提升，这在股指期货的基差率变化上有所体现。所谓基差率，是指基差与标的指数的比值，基差率越小，期现

① 见刘峰、李路等的研究成果《中国股指期货市场长期升水之谜》（2012 年）。该研究排除了现货卖空限制、标的指数成分股分红、利率随机变动、税收与时间期权、投资者持有头寸、现货市场或期货市场的流动性与波动性等研究假说的影响。

套利机会越小，市场效率越高。沪深300股指期货上市以来，基差率呈明显下降趋势，2010年为0.57%，2011年和2012年降至0.14%和0.21%，2013年以来为0.13%，说明市场定价效率总体上有所提高。此外，从上述“实际价格高于理论价格的交易日占比”等指标可以看出，定价偏高的现象正在逐步改善。

（四）套利力量逐渐增强，驱动期现价格拟合收敛

期货价格最终收敛于现货指数，即期货到期日的最后结算价是当天下午沪深300指数所有报价的算术平均数。有了“到期收敛”的制度保障，在合约整个生命周期中，当期货过度偏离现货、基差过度偏离均值时，市场套利力量认为有钱可赚，即会自动介入、买高卖低，努力将期货拉近现货、将基差拉回均值。研究发现：

1. 除了极个别情况外，沪深300股指期货基差基本都在均值附近往复波动，具有均值回归性[①]。

2. 通过线性Engle－Granger模型与非线性ESTAR模型，进一步测算出沪深300股指期货均值回归速度系数分别为－0.25和－0.22，显著为负，也说明基差具有均值回复性，“走过头了就减速往回”。

可见，套利交易具有典型的“自我消灭”或“自我纠正”特征，价格高度拟合、套利机会较少正是因为套利力量客观存在并发挥作用。“路不平众人踩”即是对这一现象的最好解释。

二、股指期货2013年贴水较深是分红、“钱荒”及反向套利乏力共同作用的结果

上市以来，沪深300股指期货在总体定价合理的情况下，有三次升贴水幅度较大。第一次是上市当天。由于投资者习惯“炒新”，积极争抢“第一单”，股指期货上市首日价格偏高，而初期机构参

① 对沪深300股指期货基差时间序列进行了Durbin－Watson一阶自回归检验发现此结果。

与政策未能明了，套利力量不足，期货高度升水维持了近一个月时间。第二次是2010年国庆前后。当年上半年，受信贷投资额超预期引发央行调控等因素影响，沪深300指数大跌28%。7月后，在中央肯定“稳增长”等诸多政策刺激下，出现修复行情，三季度涨幅达到12%。到了9月末，市场情绪乐观起来，不少券商的研究报告纷纷指出“最坏的时候已经过去”，“之前的预期可能过于悲观”，“坚定看好10月以后市场走势，业绩、估值双驱动将提升股票资产配置价值”。因此，股市自国庆节前最后一天开始拉升，资源股、权重股成为热点，股市单月涨幅达到24%。受此影响，一些机构——尤其是私募也放弃套利而选择单方向做多，期现价差迅速拉大，升水最高超过120点。前两次都出现在上市初期，升水明显，给套利者发了“红包”，也反映了套利力量的不均衡。

沪深300股指期货基差情况见图1。

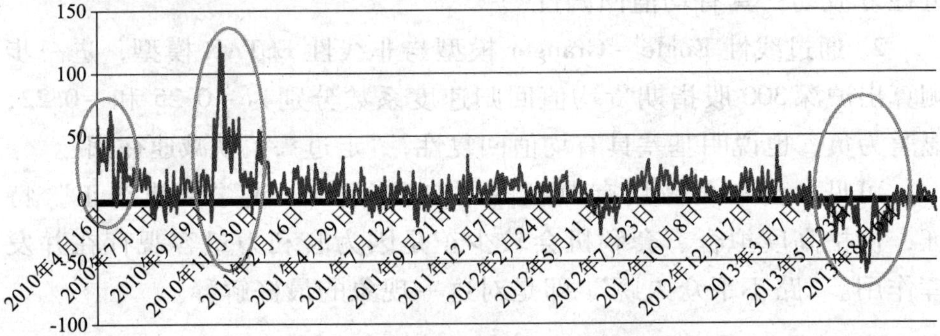

图1　沪深300股指期货基差情况

2013年以来，基差出现了第三次显著放大，显示出了不同以往的一些特点。一是负基差明显。尤其是5～7月出现深度贴水，最大达到60点，比以往贴水情况更加显著。二是持续性增强。贴水自3月份开始增多，维持数月之久，直到8月份后，贴水情况明显改善，逐步回到合理水平。三是关注度提高。期间债市、股市较为动荡，市场悲观情绪加重。总体来看，此次负基差的产生，是分红水平提高、钱荒影响情绪和反向套利乏力三种因素作用的结果，即集中分红导致期货贴水，钱荒加剧市场恐慌加大贴水幅度，反向套利机制不畅无力改善这一情况。

（一）期货贴水有其道理，反映分红因素影响

指数成分股分红后，股价进而指数价格将自然回落，但股指期货持有者拿不到股票分红，因此预期到股票分红后，期货价格类似“股价除权”，会提前出现相应回落，容易出现贴水。进一步讲，由股指期货理论价格公式($F = S \times [1 + (r - y) \times \Delta t / 360]$)可以看出，股息率（y）与无风险利率（r）的相对大小，是决定期货升贴水的关键因素。当无风险利率高于股息率时，期货理论价格高于指数当前价格，股指期货往往升水；当股息率超过无风险利率时，期货理论价格低于指数当前价格，股指期货一般贴水。这得到了全球实践的一致证明。在美国，1982～2008年间无风险利率一直高于股息率，标准普尔500指数期货一直以升水为主；2008年次贷危机爆发后，美联储大幅降低利率，近三年都在0～1%之间，而股息率仍维持在2%以上，使无风险利率大幅低于股息率，标普500指数期货也在2009年以后出现了持续贴水，负基差天数占99%。英国的FTSE100股指期货、法国CAC股指期货，以及香港恒生指数期货等品种，基本规律都是如此，都在2008年前后随着危机的发生、市场利率的大幅调低而出现了由升水到贴水的整体态势调整。此外，由于利率基本高于股息率，韩国KOSPI200指数期货、印度NIFTY指数期货、巴西BOVESPA指数期货和南非FTSE/JSE指数期货等以升水为主；由于利率基本低于股息率，日本日经225指数期货、台湾综合指数期货等以贴水为主。

沪深300指数期货的升贴水变化同样与分红关系密切，此次负基差过程中体现明显，即分红的提高与集中引致期货贴水压力。

1. 近年来中国证监会一直鼓励上市公司分红，证券交易所也发

布政策指引，积极加以引导[①]。这使得股市分红有所增加，2011 年沪深 300 指数股息率已超过美国标准普尔 500 指数[②]，2012 年进一步提高到 2.66%。

2. 我国股市分红期比较集中，主要集中在 5～7 月，近三年在这三个月的分红都超过全年的 85%，仅 6 月份就达到全年的约 60%。2013 年5～7 月沪深 300 指数成分股累计分红 5 231 亿元，相当于沪深 300 指数成分股当期平均市值的 2.98%，折合年化股息率达到 11.92%，远高于同期无风险利率，“股价除权”效果十分明显，股指期货贴水理所当然。事实上，股指期货上市以来，每年这一时期都出现过连续负基差现象，如 2010 年 7 月中旬至 8 月中旬，2011 年 5～6 月，2012 年的 5～6 月。

3. 2013 年投资者充分预期并提前布局指数分红的“股价除权”影响，部分机构早在 3 月份就已经卖空 6 月合约，这使得负基差较早就已出现，体现出了市场的进一步成熟。

4. 随着分红季的结束——当然也包括市场信心恢复等因素影响——8 月后基差迅速收敛，侧面显示了分红对基差的较大影响。

股指期货上市以来各年 5～8 月负基差情况见表 2。

表 2　　股指期货上市以来各年 5～8 月负基差情况

	2010 年	2011 年	2012 年	2013 年
5～8 月交易日数（天）	83	86	87	84
其中：负基差交易日数（天）	21	41	34	72
负基差交易日占比（%）	25.30	47.67	39.08	85.71
最大负基差	－20.1	－22.4	－29.1	－60.6
全年负基差交易日数占比（%）	12.64	29.09	22.22	63.59

① 如上海证券交易所2012 年8 月发布《上市公司现金分红政策指引》称，上市公司当年有利可分却未进行现金分红，或拟分配现金红利与净利润之比低于30%的，需披露原因；上市公司若无法按照既定分红政策实施利润分配的，则需 2/3 以上股东同意。

② 2011 年沪深 300 指数与标准普尔 500 指数的股息率分别为 2.34% 和 2.12%。

（二）资金紧张加剧股指期货贴水程度

市场交易是鲜活的，价格受到各种因素影响，很可能不同于理论价格。此次期货贴水较深，价格已经明显低于理论水平，不能由股票分红因素完全解释，当时资金紧张也是重要诱因。实际上，近年来股市持续调整，市场悲观情绪客观存在，而做空渠道有限，在市场风险加剧甚至出现恐慌后，股指期货成了更多投资者的逃生选择。尤其是2013年6月，受多种因素影响①，市场资金面陡然紧张起来，债市出现“钱荒”，6月20日银行间债券市场隔夜拆借利率达到了惊人的20%以上。受此影响，股市出现连续大跌，沪深300指数6月24日单日跌幅达到6.31%，6月累计跌幅达到16%、累计最大跌幅超过22%。在此情况下，股指期货大幅承压，贴水进一步放大，并于7月初达到巅峰。市场之所以选择股指期货作为风险出口，本质上是期货交易机制有优势，包括资金效率高、交易成本低、多空皆便利等。股指期货吸纳了避险乃至投机火力，为股市缓解了抛压、减轻了负担，为实现股市稳定做出积极贡献。

（三）融券不畅限制反向套利，期货深度贴水仍属合理

此次股指期货贴水持续时间较长，迟迟不能纠正，反映的是市场缺乏反向套利力量，更直接地说就是机构融券较困难。目前，我国融券业务券源少、费率高、规模小，转融通业务还有待发展。截至2013年11月初，“两融”业务仍以融资为主，融券余额为36.3亿

---

① 市场列出的因素包括：一是财政收入增长，税收资金集中入库，导致资金面紧张。据财政部2013年6月9日公布的数据，2013年1～5月全国公共财政收入累计56 214亿元，比2012年同期增加3 459亿元，增长6.6%。二是银行为迎考核吸收资金。每到月末时点，银行都会不惜高息揽储以确保存贷比达标，加剧市场资金紧张程度。三是准备金退补缴令资金面呈现周期性收紧。2013年6月的补缴规模较2012年同期有所增加，也加剧了市场对流动性的担忧。四是央行6月份一反常态没有释放流动性，造成借款利率高企，引发市场恐慌。

元，占融资融券总余额的1.15%，是沪深两市流通市值的0.016%，融券年化利率在8.6%～11.6%之间。调研中部分券商机构也提出，当时融券难度很大，甚至出现“无券可融”的情况。因此，即便股指期货出现了50～60点的深度贴水，套利机构也并不能有效实施卖股票、买期货的反向套利来获取偏差定价的收益，促使期现价格收敛。进一步来看，融券困难的存在使得反向套利成本较大、无套利区间较宽，即便股指期货深度贴水，甚至是显著偏离其理论价格，但实际上仍处于无套利区间内，不能通过套利行为改善其定价效果，只能由投机力量决定其高低水平。

三、对股指期货升贴水含义及其象征意义要有准确把握

股指期货升贴水是反应市场运行的一个窗口指标，随着市场的不断成熟，使用者应该更加全面准确地了解它的含义。

（一）期货价格与到期时指数实际价格无关，并非预测股市未来的指标

如前所述，股指期货理论价格公式为（$F = S \times [1 + (r - y) \times \Delta t / 360]$）。可见，期货理论价格的决定基础是指数当期价格，与到期时的指数价格无关。准确地说就是，期货价格不是到期时指数价格的无偏估计。因此，期货价格高于或低于现货指数，并不意味着对未来股市看高或看低，不能误将股指期货价格简单视为交易出来的到期时的指数价格。尤其是当市场套利机制十分有效的情况下，这种判断更加不合理。相对商品期货，金融期货期现套利更加便利和发达，上述这种理论价格关系也更加牢固和扎实。

（二）基差存在不等于定价偏差，一定的升贴水区间仍属合理

升贴水或基差，是股指期货与现货指数的价差，而定价偏差是股指期货实际价格与理论价格的差异，二者既联系又不同。

1. 基差存在不等于定价有偏差。举例来说，假设沪深300指数为2000点，期指价格为2015点，资金成本为5%，指数的股息率为2%，股指期货距离交割日还有90天，则期货理论价格为2015点（2 000×［1+（5% -2%）×90/360］），定价偏差为0（2 015-2 015），而基差为15点（2 015-2 000）。可见，基差和定价偏差是两个概念，基差存在不意味着定价偏差。

2. 定价有个合理区间，在无套利区间内都是合理价格，实际价格不等于理论价格但也可以是合理价格。继续上述例子，假设考虑到各种套利成本后，当期货价格高于2035点时或低于1990点时，套利有利可图，套利者会自动介入，促进期货价格趋向合理；但当期货价格处于1990～2035点较小的区间内，收益不抵成本，套利无利可图，套利交易不会发生。这样，围绕着期货理论价格这样一个“中轴线”，存在一个所谓的无套利区间。在这个区间内，任何一个价格都是合理的。因此，6～7月间贴水较深、基差较大，实际价格低于理论价格，但考虑了融券不畅导致反向套利成本过高后，期货价格仍在无套利区间的较窄“箱体”内。

（三）贴水并非看空股市、不影响股市大涨，升贴水不是股市预测神器

正如前面反复说的，期货升贴水有其内在原因，不排除市场情绪、预期等影响，但主要是分红与资金成本的影响。因此，升贴水自有规律，与股市走势关系不大，并不像一般的分析师或媒体所说的“升水”或“正基差”就是看多后市、“贴水”或“负基差”就是看空后市。

1. 从境外市场实践来看，持续贴水并不会导致股市走势持续走低。例如，美国标准普尔500指数期货自2009年出现持续贴水，截至2013年11月15日，1 228个交易日只有13天正基差，正基差天数只有1%，但美国股市自2009年一路走高，累计涨幅超160%。

标准普尔500指数先是从2009年3月666点的近13年新低升至2010年4月末的1186点，涨幅超过78%；此后经过短短两个月的回调，该指数继续上攻，并在2011年4月突破1300点关口；短期休歇后，从2011年10月开始，标准普尔500指数再次发力，25个月来上涨超过59%，最高达到1804点；2013年涨幅已经超过26%，创历史新高。分析显示，美联储量化宽松政策刺激使得无风险利率持续走低甚至接近于零，而企业利润增长和劳动力市场好转等使得股息率一直维持在2%以上且稳步提升，无风险利率与股息率之间的巨大差异彰显出美国股市投资价值，成为拉动美股持续上涨的核心动力。可见，股市走势还是受宏观经济政策、利率资金成本、企业盈利状况等基础因素决定。

2. 针对沪深300指数及其期货的深入研究也没有发现升贴水与指数走势存在稳定关系。研究显示：第一，股指期货基差与股指涨跌相关性系数仅为0.006，十分微弱，且统计上不显著；第二，即便加入股市涨跌惯性和波动性等变量后，二者的相关系数也只有0.013，且统计上仍不显著，无法证明二者存在相关关系。此外，2013年7月2日股指期货出现最大负基差（沪深300指数收于2006.56点）后，股市并未继续下跌，而是逐步企稳，至2013年11月15日涨幅为5.79%，期间最高涨幅达到12.41%（9月12日沪深300指数收于2255.61点）。可见，股指期货升贴水与股市涨跌既没有机理上的经济相关性，也没有统计上的数据相关性，升贴水不是预测股市走向的指标。

综上所述，股指期货升贴水刻画的是期货与现货之间的价差，主要影响因素还是股票分红和资金成本。升贴水的存在不意味着定价有偏差，更不能作为股市走向的指南针。随着股市融券交易机制的进一步健全，股指期货定价效率将进一步提升，更加贴近理论水平，但理论基差的大小与正负仍须交给市场来决定。

附件　美国标准普尔 500 指数期货升贴水情况

美国从 2008 年开始，利率大幅下调，开始低于股息率。同年，升水天数大幅减少，从 2007 年的 92% 下降到 68%。之后的 2009 年至 2013 年 11 月 15 日的 1 228 个交易日，只有 13 个交易日为正基差，其余都是负基差，负基差天数占到 99%，但 2009 年以来，美国股市一路走高（见下表）。

2009 ~ 2013 年美国股市走势

年份	交易天数（日）	升水天数（日）	升水天数占比（%）	资金利率（%）	股息率（%）
1982	178	131	73. 60	12. 99	4. 88
1983	251	229	91. 24	10. 39	4. 3
1984	253	237	93. 68	11. 85	4. 5
1985	253	228	90. 12	9. 53	3. 73
1986	253	221	87. 35	7. 02	3. 42
1987	253	219	86. 56	7. 62	3. 57
1988	253	225	88. 93	8. 22	3. 47
1989	252	226	89. 68	8. 53	3. 12
1990	253	229	90. 51	8. 22	3. 67
1991	253	229	90. 51	6. 76	2. 93
1992	254	207	81. 50	5. 24	2. 84
1993	253	220	86. 96	4. 38	2. 73
1994	252	227	90. 08	6. 23	2. 81
1995	252	228	90. 48	6. 24	2. 23
1996	254	227	89. 37	5. 97	1. 96
1997	253	223	88. 14	6. 07	1. 58
1998	252	224	88. 89	5. 12	1. 3

续表

年份	交易天数（日）	升水天数（日）	升水天数占比（%）	资金利率（%）	股息率（%）
1999	252	227	90. 08	5. 52	1. 15
2000	252	227	90. 08	6. 23	1. 2
2001	248	215	86. 69	4. 16	1. 35
2002	252	158	62. 70	3. 1	1. 79
2003	252	24	9. 52	2. 05	1. 56
2004	252	106	42. 06	2. 73	1. 65
2005	252	228	90. 48	3. 91	1. 8
2006	251	227	90. 44	4. 76	1. 79
2007	251	230	91. 63	4. 43	2. 01
2008	253	172	67. 98	1. 2	3. 15
2009	252	3	1. 19	1. 41	2. 12
2010	252	0	0. 00	1. 09	1. 88
2011	252	1	0. 40	0. 73	2. 12
2012	250	0	0. 00	0. 38	2. 24
2013	222	9	4. 05	0. 37	2. 04

沪深 300 指数及成分股结构特点分析

张慎峰　游航

文章导读

从指数行业及权重结构、指数基本面及估值分析、指数分红和资本回报率、指数编制方法、指数投资者结构等角度分析，可以认为沪深 300 指数是 A 股市场成熟行业蓝筹公司的代表，抗操纵性强，估值具有优势，股息率较高，分级靠档降低了跟踪成本，但另一方面，指数成分股高度成熟，投资周期性明显，发展增速不足。

决定股票指数走势的关键因素是客观经济因素，与是否存在股指期货没有必然联系。

本文原载于 2013 年 11 月 28 日《证券时报》A7 版。

作者分别为：中国金融期货交易所党委书记、董事长；中国金融期货交易所信息部副总监。

证券时报

stcn.com

28

加快发展打造一流财经传媒集团

沪深300指数
及成分股结构特点分析

股市是经济的晴雨表，指数是股市的风向标。沪深300指数作为反映沪深两个股票市场运行情况的跨市场指数，自推出以来运行稳定，为指数化投资和指数衍生产品创新提供了基础条件。近年来，随着我国宏观经济增速放缓，股票市场进入低潮期，沪深300指数也一直在低位震荡。特别是沪深300股指期货上市后，人们对它的关注和疑虑更加放大。本文将从指数行业及权重结构、指数基本面及估值分析、指数分红和资本回报率、指数编制方法、指数投资者结构等角度客观地分析沪深300指数的优势及局限性，为投资者理性选择符合自身投资风格的指数提供参考。

一、沪深300指数是A股市场成熟行业蓝筹公司的代表，是中国股市的中流砥柱

沪深300指数是第一只获得上海和深圳两家交易所合法授权发布的跨市场指数。自2005年4月8日正式推出以来，沪深300指数以规模和流动性作为选样的两个根本标准，并赋予流动性更大的权重，反映的是流动性强和规模较大的蓝筹企业股价的综合变动，是A股市场基础指数的代表。

Theory 理论 A7

沪深300指数及成分股结构特点分析

（一）成分股公司多为实体经济骨干企业，市值较大，指数抗操纵性强，波动率低

沪深300指数成分股公司是伴随我国改革开放历程，经过多年发展壮大起来的一批最具实力的上市公司。它们所在的行业都是国民经济支柱产业，为经济发展做出了很大贡献。截至2012年底，沪深300指数成分股的营业总收入达到18.29万亿元，占当年GDP的35.24%；总税收1.26万亿元，占当年全国总税收的13.49%。其中，采矿业、制造业和金融业的营业收入和税收都位居前三，营业收入占GDP的比例分别为11.3%、7.46%、7.04%，税收占全国总税收的比例分别为5.33%、0.98%、5.08%。同期沪深300指数成分股公司中营业收入超过1千亿元的有32家，中石油、中石化的营业收入超过了1万亿元。沪深300指数成分股公司中税收超过100亿元的有13家，工商银行、建设银行、农业银行、中国银行、中石油和中石化的税收收入超过了200亿元，分别排名前6位。

沪深300指数成分股公司多为行业的骨干企业，它们的普遍特点之一是市值较高。2010年至2012年中，沪深300指数无论总市值还是流通市值占A股市场的比例均较高，基本稳定在70%左右。截至2013年11月15日，沪深300指数总市值17.24万亿元，流通市值12.62万亿元，分别占A股市场总市值26.96万亿元和流通市值19.61万亿元的63.95%和64.35%。相比之下，沪深300指数的总市值和流通市值分别是同期创业板指数总市值（0.80 万亿元）和流通市值（0.48 万亿元）的 21 倍和 26.3 倍。

沪深 300 指数成分股公司中有 66 家市值超过 500 亿元，其中有 27 家企业市值超过 1 000 亿元，中石油、工商银行的市值更是超过 10 000 亿元[①]。大市值股票相对集中使得拉抬指数的资金成本较高。过去 3 年的数据测算显示，沪深 300 指数是主要指数中拉抬 1% 需要资金最多的指数。2013 年拉抬沪深 300 指数变化 1% 需要 111 亿元，而创业板指数只需要 13 亿元即可取得同样效果。此外，代表大市值股票的沪深 300 指数的波动率和换手率均相对较低，很好地起到了稳定市场的作用。过去 3 年，沪深 300 指数平均波动率为 22.26%，低于创业板指数的 30.70%；同期沪深 300 指数日均换手率为 0.40%，远低于创业板指数的 2.99%。

（二）沪深 300 指数成分股业绩稳定，风险较低，估值具有优势

沪深 300 指数成分股公司大多来自传统行业、周期行业、成熟行业，业务发展已经进入成熟期，业绩相对稳定。2013 年第三季度，沪深 300 指数净利润为 1.52 万亿元，占 A 股总净利润 1.83 万亿元的 83.51%，净资产 14.00 万亿元，占全市场 16.87 万亿元的 83.03%。沪深 300 指数成分股公司的净资产收益率都维持在两位数，远比中小企业居多的其他指数表现稳定。

从估值角度分析，沪深 300 指数具有一定优势。截至 11 月 15 日，沪深 300 指数市盈率为 9.80 倍，距过去 3 年的平均数 14.72 倍仍有一段距离，低于 A 股平均值 11.23 倍，更远低于创业板指数的 63.79 倍。沪深 300 市净率为 1.45 倍，较过去 3 年平均数 2.18 倍低 33%。由此可见，沪深 300 指数的估值优势明显。

---

① 数据截至 2013 年 11 月 15 日。

（三）沪深300指数分红相对稳定，股息率较高

股息率是衡量市场回报率的重要指标。我国上市公司因分红很少而一直饱受诟病。据万得资讯（Wind）统计，过去20多年以来股市累计实现融资5.25万亿元，但分红累计仅为3.37万亿元。近两年来，上市公司分红情况有所改善，主要指数的股息率均有所提高。比较而言，上证50指数和沪深300指数自2010年以来股息率在主要指数中表现最好，且一直保持上升趋势。截至2013年11月15日，沪深300指数股息率为3.44%，比美国标普500还要高。比较而言，中小公司多在成长期内，分红很少，股息率远低于同期1年期银行存款利率。

虽然我国股市主要指数的股息率近期有所提高，但我国指数中最高股息率仅为1年期存款利率的1倍左右，而同期市场实际利率水平更高。相比之下，美国市场主要指数中最高的股息率是1年期存款利率的3倍左右。自2010年以来的数据可以看出，美国主要指数中股息率最高的道琼斯指数股息率分别是1年期存款利率的3.18倍、2.31倍、3.14倍和3.57倍[①]，其股市投资价值及上涨原因可见一斑。

（四）沪深300指数编制采用分级靠档法，降低跟踪成本

在指数编制方法上，沪深300指数与市场上其他主流指数差异不大，但在加权方法和调样周期两个方面，与一些指数不同。市场上大多数指数都与沪深300指数一样，依据自由流通市值进行加权，但沪深300指数采用分级靠档的方法，可以确保样本公司的股本发生微小变动时用于指数计算的股本数相对稳定，从而有效降低股本频繁变动带来的跟踪成本，有利于机构投资者管控风险。同时，与一些指数每个季度进行一次样本股调整不同，沪深300指数每半年调整一次样本

① 数据截至2013年11月15日。

股，这些指数编制技术上的考虑降低了指数自身的波动特性。

二、沪深 300 指数成分股高度成熟，投资周期性明显，在经济结构转型中发展增速不足

2013 年以来，沪深 300 指数整体表现不及以中小公司为代表的创业板和中小板指数。究其原因，很重要的一条是指数成分股稳健有余，发展增速不足。

（一）沪深 300 指数周期性行业占比较高，企业增长能力有限

通过指数行业权重分析，不难看出沪深 300 指数周期性行业所占比例较高。截至 11 月 15 日，沪深 300 指数权重最大的 3 个行业是金融地产、能源和工业（见图 1），权重分别为 45. 46%、16. 76% 和 9. 83%。权重最小的 3 个行业是电信业务、信息技术和公用事业，权重分别为 0. 80%、2. 18% 和 2. 83%。前十大权重股中除格力电器外，其余全是金融、地产等企业。这些周期性行业不是“十二五”期间我国产业政策重点支持的行业，很难直接反映经济未来发展方向，也无法享受我国经济转型带来的制度性红利，因而在宏观经济调结构的大背景下，代表大市值周期性股票的沪深 300 指数的市场表现差强人意也在情理之中。

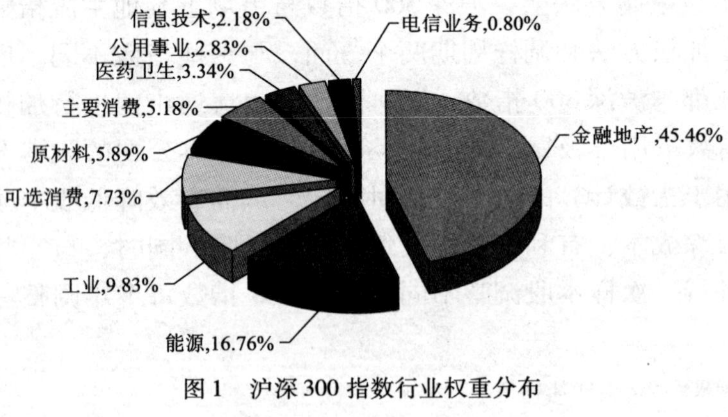

图 1　沪深 300 指数行业权重分布

（二）成熟行业表现不佳直接拖累沪深300指数表现

行业分类中一般将金融地产、工业、公共事业、能源和原材料等行业定义为相对成熟行业，将电信业务、可选消费、主要消费、信息技术，以及医药卫生定义为相对新兴产业。随着中国经济增长动力从固定资产投资逐步转向高技术含量、高附加值的新兴产业，沪深300指数代表的成熟行业的发展空间在逐步被压缩。

按照中证指数公司的行业分类，10个一级行业对沪深300指数走势的贡献正负不一：对沪深300指数贡献最大的是相对新兴行业的可选消费行业，贡献42.89点，占全部正贡献的24.91%；对沪深300指数拖累最大的是相对成熟行业的金融地产，贡献点数-99.43点。相对成熟行业中没有一个行业对指数有正贡献，均向下拖累指数；与此形成鲜明对比的是相对新兴行业仅有主要消费行业拖累指数7.47点，其他新兴行业均为沪深300指数做出了正贡献①。

表1　　沪深300指数行业贡献度分析

行业名称	贡献点数	贡献占比
金融地产	-99.43	57.73%
原材料	-82.10	47.67%
能源	-49.14	28.53%
工业	-25.98	15.09%
主要消费	-7.47	4.34%
公共事业	-5.22	3.03%
电信业务	8.34	-4.84%
医药卫生	22.51	-13.07%
信息技术	23.39	-13.58%
可选消费	42.89	-24.91%

① 数据截至2013年11月15日。

（三）沪深 300 指数业绩增长动力不足，资本回报率不高

在我国经济调结构的大背景下，沪深 300 指数成分股公司已经很难取得较高的业绩增长率。从过去 3 年中主要指数业绩增长指标看，沪深 300 指数营业收入增长率为 36.63%，基本与 A 股市场 35.29% 的平均水平一致，净利润增长率 22.39%，也与 A 股平均 15.66% 差异不大。相比之下，以新兴行业公司为代表的股票指数受益于结构调整、经济转型的宏观环境，在增长率上优于沪深 300 指数。

此外，通过直观评估企业价值创造能力的资本回报率指标发现，虽然过去 3 年中沪深 300 指数与市场中其他主流指数差异不大，但平均资本回报率 10.24% 略低于创业板指数平均 11.09% 的水平，这也说明沪深 300 指数的增长动力有放慢迹象。

（四）优质新兴蓝筹公司较多选择在海外上市，无法计入沪深 300 指数

沪深 300 指数中大多是成熟蓝筹公司，新兴蓝筹所占比例不高。目前，诸如腾讯、百度、网易、奇虎、携程等国内真正优秀的新兴行业蓝筹公司纷纷选择在海外上市，使得沪深 300 指数无法体现这些公司的表现。截至 11 月 15 日，在中国香港上市的腾讯总市值折合人民币 6 131 亿元，在美国纳斯达克上市的百度总市值折合人民币 3 485 亿元，分别是创业板指数中总市值最大的公司碧水源的 20 倍和 10 倍。如果它们回归 A 股，必然会被纳入沪深 300 指数成为成分股，它们的总市值分别可以位列沪深 300 指数第五位和第八位[①]。遗憾的是，这些公司包括即将首次公开发行（IPO）的阿里巴巴都选择在境外上市，不仅使得境内投资者无法分享它们业绩成长壮大带来的丰厚回报，而且也使得沪深 300 指数因它们的缺席而显得动

① 数据截至 2013 年 11 月 15 日。

力不足。

三、全面分析股票指数特点，合理选择符合自身风格的指数进行投资

沪深300 指数推出已经 8 年，其骨干行业、大市值的成分股结构体现了中流砥柱的市场地位。再加上估值较低、股息率相对较高、抗操纵性强等优点，使得其成为部分投资者青睐的指数。截至 2013 年 11 月 15 日，市场上发行的指数基金中选择沪深300 指数为标的的最多，高达 57 只；其规模达 1 623. 36 亿元，占全部指数型基金规模的 40. 67%。但是，任何事物都存在其两面性。随着我国经济转型和产业结构调整的步伐不断加快，沪深 300 指数所代表的周期性行业已经高度成熟，反映经济未来发展方向不够充分。只有那些真正符合产业发展方向、拥有核心竞争力的新兴企业才能在激烈的竞争中脱颖而出，在资本市场中受到热捧。2013 年上半年创业板指数的飙升对此进行了印证。当然，创业板公司也有其不容忽视的问题需要投资者客观应对。首先，创业板公司估值较高，目前市盈率高达 63. 79 倍。创业板是否真正能够通过高速成长消化目前的估值压力，还需要时间考验。其次，创业板公司业绩波动较大，直接导致投资者容易用脚投票。对其进行投资时，投资者需要避免跟风炒作和短期投机，应该更多地关注企业的核心竞争优势和创新能力。最后，创业板公司的解禁压力很大。2013 年以来，创业板指数解禁股本数占创业板总股本的 23. 71%，占 A 股总股本的 3. 56%。据万得资讯（Wind）统计，创业板指数 2014 年即将解禁股本数占创业板总股本的 19. 34%，占 A 股总股本的 11. 30%。

四、客观看待股票指数走势与股指期货的关系

2013 年以来，创业板指数和中小板指数涨幅居前，沪深 300 指数却出现了一定程度的下跌。有些人将此归因于股指期货，认为指

数一旦开发成期货就被做空，沪深300指数不像创业板指数那样高歌猛进，正是由于有以其为标的的股指期货上市，而创业板没有对应的股指期货，所以才一路上涨。这种观点对股市的理解未免偏颇。如果成立，又如何解释2012年沪深300指数上涨7.55%，而同期创业板和中小板分别下跌2.14%和1.38%呢？

决定股市涨跌的关键因素是客观经济因素，例如科技进步、金融市场利率、产业政策等。造成近期沪深300指数总体表现不及创业板和中小板的主要原因首先还在于前面提到的随着我国经济结构调整，主流行业发展放缓。相反，中小板和创业板指数中新兴行业较多，受益于经济转型的宏观大环境，而这些都与是否存在股指期货没有必然联系。

附表

附表1　　沪深300指数市值占比

年份	沪深300指数与A股总市值比例（%）	沪深300指数与A股流通市值比例（%）
2010	65.38	69.70
2011	69.04	70.92
2012	69.41	70.40
2013	64.32	64.74

附表2　　主要指数市值对比　　单位：亿元

年份	上证50指数		沪深300指数		中证500指数		深证100R指数		创业板指数		全市场指数	
	总市值	流通市值	总市值	流通市值	总市值	流通市值	总市值	流通市值	总市值	流通市值	总市值	流通市值
2010	131 288	83 953	201 538	132 357	35 590	27 494	27 866	20 915	4 652	1 443	308 268	189 890
2011	109 708	70 759	171 554	115 560	26 918	20 972	22 970	17 371	3 930	1 519	248 469	162 937
2012	104 173	75 304	184 817	126 483	29 767	22 775	24 681	19 203	4 208	1 779	266 284	179 676
2013	89 218	71 940	173 144	126 544	35 073	27 262	26 716	20 525	7 801	4 569	269 191	195 473

附表3 **主要指数波动率对比**

年份	沪深300指数	中证500指数	上证50指数	深证100指数	创业板指数
2010	25.19%	28.81%	24.75%	27.52%	35.63%
2011	20.56%	24.30%	20.24%	22.41%	27.43%
2012	20.25%	24.42%	19.20%	23.05%	28.07%
2013	23.05%	23.56%	25.96%	23.57%	31.65%

附表4 **主要指数变动1%所需资金测算** 单位：亿元

指数	2011年	2012年	2013年
沪深300指数	72	91	111
上证50指数	25	34	36
中证500指数	42	46	75
深证100指数	21	24	33
创业板指数	5	6	13

附表5 **主要指数财务指标分析** 单位：亿元

指数	营业收入	营业利润	净利润	净资产	分红总额	净资产收益率
沪深300	145 294.70	20 182.93	15 290.51	140 032.05	5 922.96	12.30%
中证500	19 269.46	1 102.83	905.07	17 172.71	393.08	6.03%
上证50	83 901.20	12 206.37	9 226.70	79 611.48	3 633.79	13.05%
深证100	16 310.56	1 521.19	1 149.45	13 994.19	380.53	9.50%
创业板	722.82	114.82	103.36	1 495.07	38.86	7.42%
全部A股	194 606.27	52 943.30	18 309.72	168 658.08	6 783.59	4.57%

注：①表中除“分红总额”外，其他指标为2013年第三季报数据。

②“分红总额”中五个指数的数据统计时间为2012年11月1日至2013年10月31日，全部A股分红总额为2012年全年。

附表6 **主要指数净资产收益率比较**

年份	沪深300	中证500	上证50	深证100	创业板
2010	17.91%	12.14%	18.40%	18.38%	13.93%
2011	17.43%	11.27%	18.25%	16.80%	10.70%
2012	15.75%	7.94%	16.75%	13.56%	9.93%
2013	12.30%	6.03%	13.05%	9.50%	7.42%

附表7　　主要指数业绩增长指标对比

类别	营业收入增长率（2010～2012年）	净利润增长率（2010～2012年）	营业收入增长率（2012年）	净利润增长率（2012年）
沪深300	36.63%	22.39%	24.01%	2.03%
上证50	44.62%	25.57%	11.77%	6.53%
中证500	30.52%	-8.33%	7.29%	-18.48%
深证100	31.51%	13.73%	4.17%	-3.35%
创业板	76.20%	45.46%	31.37%	12.35%
A股市场	35.29%	15.66%	9.09%	0.42%

附表8　　主要指数股息率与1年期银行存款利率对比

年份	沪深300	中证500	上证50	深证100	创业板	1年期存款	最高股息率/1年期存款
2010年	1.59%	0.78%	2.03%	1.05%	0.48%	2.75%	0.74
2011年	2.34%	1.26%	2.46%	1.48%	0.88%	3.50%	0.70
2012年	2.66%	1.23%	3.17%	1.45%	0.92%	3%	1.06
2013年	3.42%	1.12%	4.07%	1.42%	0.50%	3%	1.36

附表9　　美国主要指数股息率与1年银行存款利率对比

年份	道琼斯	标普500	纳斯达克	罗素2000	1年期存款利率	最高股息率/1年期存款利率
2010年	2.48%	1.88%	0.90%	1.30%	0.78%	3.18
2011年	2.60%	2.12%	1.08%	1.53%	1.13%	2.31
2012年	2.65%	2.24%	1.54%	2.05%	0.84%	3.14
2013年	2.15%	2.01%	1.43%	1.59%	0.60%	3.57

附表10　　主要指数资本回报率对比

年份	沪深300	中证500	上证50	深证100	创业板
2010	13.12%	9.40%	12.47%	14.01%	16.54%
2011	12.48%	8.99%	14.78%	13.56%	11.72%
2012	9.36%	6.38%	10.70%	10.52%	9.56%
2013	6.01%	4.36%	6.26%	6.65%	6.54%

附表11　　指数投资基金规模对比

指数名称	指数型产品（只）	管理资产规模（亿元）	占指数基金规模比值
沪深300	55	1 598.51	37.18%
中证500	18	174.36	4.06%
上证50	5	368.59	8.57%
深证100	18	415.03	9.65%
创业板	6	26.44	0.61%
合计	102	2 582.93	60.07%

附表12　　主要指数前十大权重股对比

前十大权重股排名	沪深300		中证500		上证50		深证100		创业板	
	公司名称	权重（%）	公司名称	权重（%）	公司名称	权重（%）	公司名称	权重（%）	公司名称	权重（%）
1	民生银行	4.02	科大讯飞	0.82	民生银行	8.99	万 科 A	6.16	碧水源	5.21
2	招商银行	3.52	海虹控股	0.81	招商银行	7.88	格力电器	5.38	华谊兄弟	5.11
3	兴业银行	2.67	许继电气	0.74	兴业银行	5.97	平安银行	4.52	蓝色光标	3.65
4	中国平安	2.45	华闻传媒	0.67	中国平安	5.48	苏宁云商	3.47	乐视网	3.50
5	浦发银行	2.30	龙净环保	0.66	浦发银行	5.14	美的集团	2.69	掌趣科技	2.67
6	海通证券	1.88	电广传媒	0.62	海通证券	4.20	广发证券	2.63	机器人	2.54
7	万科 A	1.77	兴蓉投资	0.62	中信证券	3.63	五 粮 液	2.26	东方财富	2.50
8	中信证券	1.62	科达机电	0.60	交通银行	2.92	双汇发展	2.21	汤臣倍健	2.32
9	格力电器	1.47	长春高新	0.59	农业银行	2.82	云南白药	2.20	神州泰岳	2.12
10	交通银行	1.31	通化东宝	0.56	工商银行	2.80	中兴通讯	2.20	华策影视	2.11

附表13　　沪深300指数对经济的贡献　　单位：亿元

行业	营业收入	税收	营业收入占GDP比例	税收占总税收比例
采矿业	59 052	5 365	11.38%	5.33%
制造业	38 706	989	7.46%	0.98%
金融业	36 526	5 107	7.04%	5.08%
建筑业	25 055	989	4.83%	0.98%
批发和零售业	7 359	135	1.42%	0.13%
电、热、燃、水生产供应业	4 783	152	0.92%	0.15%
交通运输业	4 260	159	0.82%	0.16%
房地产行业	3 264	535	0.63%	0.53%
信息服务业	2 801	107	0.54%	0.11%

续表

行业	营业收入	税收	营业收入占GDP比例	税收占总税收比例
农、林、牧、渔业	342	1	0.07%	0.00%
水利、环境和公共设施管理业	254	49	0.05%	0.05%
租赁和商务服务业	237	16	0.05%	0.02%
文化、体育和娱乐业	151	2	0.03%	0.00%
综合	103	9	0.02%	0.01%

附表14　　各行业代表性企业的营业收入和税收　　单位：亿元

行业	公司	营业收入	税收	行业	公司	营业收入	税收
采矿业	中国石油	21 953	2 823	建筑业	中国建筑	5 715	294
	中国石化	27 860	2 122		中国中铁	4 840	178
制造业	上汽集团	4 810	146		中国铁建	4 843	168
	宝钢股份	1 915	30	批发和零售业	五矿发展	1 494	0.48
金融业	工商银行	5 369	1 051		苏宁云商	984	10
	建设银行	4 607	881	电、热、燃、水生产供应业	华能国际	1 340	32
	农业银行	4 220	682		大唐发电	776	20
信息服务业	中国联通	2 563	99	交通运输业	南方航空	1 015	34
房地产行业	万科A	1 031	163		中国国航	998	33
	保利地产	689	117		东方航空	856	9

附图

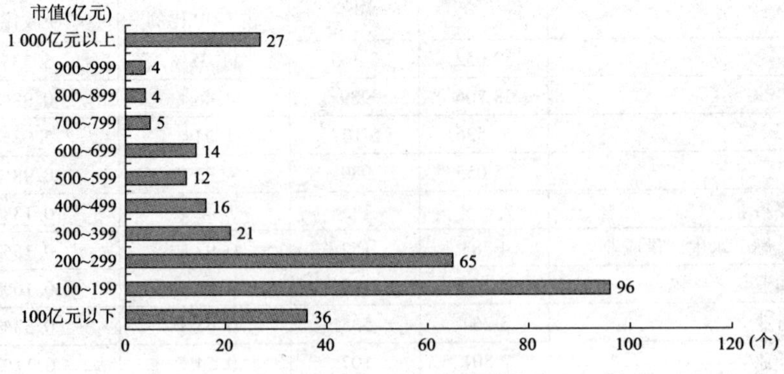

附图1　沪深300指数市值分布

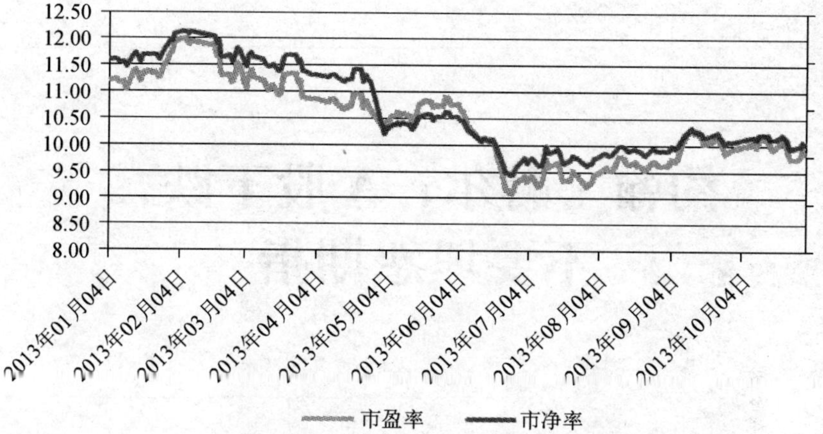

附图2　2013年以来沪深300指数市盈率与市净率

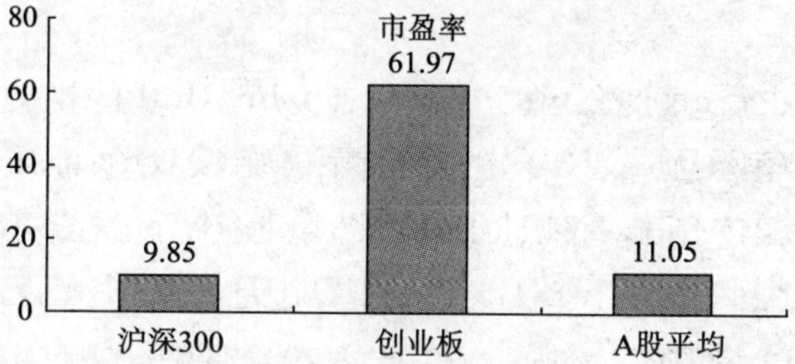

附图3　沪深300指数、创业板指数及A股平均估值对比

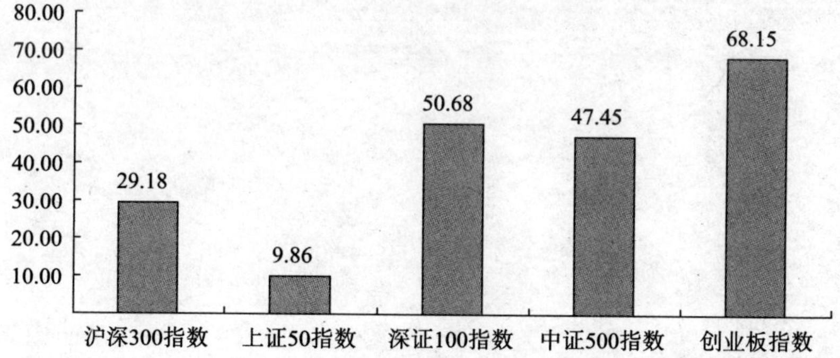

附图4　主要指数相对新兴行业占比

约翰·赫尔：A股下跌，不要埋怨期指

沈　宁

文章导读

国际衍生品权威约翰·赫尔（John Hull）认为，A股现货市场下跌另有原因，主要是大家看法和投资预期的改变，包括股指期货等在内的做空机制不会造成股市下跌。未来中国股指期权的推出也会取得成功，它将增加更多投资机会，也不会对现货市场有什么负面影响。他还认为，中国的中小散户可以通过指数基金等间接投资渠道参与和利用金融衍生品。

本文原载于2014年3月14日《证券时报》A15版。

约翰·赫尔教授现任职于加拿大多伦多大学罗特曼管理学院。其著作《期权、期货和其他衍生产品》是华尔街人手一册的“圣经”。

约翰·赫尔（John Hull），任职于加拿大多伦多大学罗特曼管理学院。他是衍生品及风险管理领域享有盛名的专家和学者，主要研究领域包括信用风险、雇员股票期权、波动率曲面、市场风险和利率衍生品，其以《期权、期货和其他衍生产品》为代表的金融衍生产品教材和著作被翻译成多种文字，并在全世界广泛流行。

Commodity 期货 A15

约翰·赫尔：A股下跌，不要埋怨期指

3月13日，由中国金融期货交易所、加中金融协会与多伦多交易所联合主办的“中加金融衍生品及风险管理研讨会”在上海举行，金融衍生品专家约翰·赫尔教授受邀在会上做了多场专题演讲。会议间隙，《证券时报》记者就目前市场关心的衍生品方面的问题对他进行了采访。

《证券时报》：现在中国股票市场有一种声音，认为是股指期货造成了A股市场下跌，对此您怎么看？

约翰·赫尔：这方面海外有很多研究，所有证据，包括学术和监管部门的研究都表明，做空机制本身并没有问题，现货市场下跌另有原因，主要是大家看法和投资预期的改变，做空机制不会造成下跌。西方出现过类似情况，不应该去埋怨产品，所以股指期货并不是A股下跌的原因。

《证券时报》：中金所即将推出股指期权，您觉得股指期权的前景如何？

约翰·赫尔：我觉得中国市场总体来说是非常令人振奋的，中金所已经成功推出了股指期货，而且在2014年晚些时候还将推出股指期权。从西方经验来看，可以预测中国未来在金融衍生品市场会有长足发展。因为金融衍生品能够开放更多的渠道，更多的交易方式，包括对冲、套保或者仅仅是在市场持仓、购买头寸，可以带来各种各样的机会，比现货市场有更大的发展空间。股指期货已经取得成功，相信股指期权也会取得成功。

《证券时报》： 推出股指期权会对证券市场形成什么影响？

约翰·赫尔： 西方在这方面有很多研究，期货或者衍生品到底是领先于现货还是跟随现货市场？我认为一定是衍生品跟随现货市场的，现货市场才是核心。衍生品，顾名思义，是衍生出来的产品。中国股指期货推出以后，我认为没有影响现货市场。所以，我相信期权也不会对现货市场有什么负面影响，它的作用是增加了更多机会，人们能够运用套期保值等其他策略，股指期权提供了更多流动性。认为衍生品对现货市场产生什么影响，我个人认为这是错误的。

《证券时报》： 中金所目前仅有股指期货和国债期货两个品种，您觉得交易所未来可以做哪些产品创新？

约翰·赫尔： 中金所股指期货推出后非常成功，国债期货还有待成熟，但我相信股指期权推出后会非常成功。一般西方也是先推期货产品，再推期权产品。期货产品成功的话，期权成功的概率也会非常大，而且这两个产品之间相互配合，会有协同效应。谈到下一步产品的规划，按照规律看，中国也会推出波动率指数（VIX）产品。此外，现在期权产品是沪深300指数期权，中国有很多其他指数，沪深300指数成功后会带动更多其他指数产品的推出。不过，最大成交量肯定还是集中在沪深300方面，它相当于标普500在美国的地位。虽然中金所现在只有两个产品，但是我相信，3年后再看应该会有6~10个产品。

《证券时报》： 中金所品种保证金是否有调低空间，或者推出迷你产品？

约翰·赫尔：我对中金所保证金具体情况不是很了解。不过，从交易所角度来说，如果我来运营交易所，开始保证金会设置比较高、相对保守，等到产品成功后，再去下调，一般都是先高后低。

《证券时报》：和海外市场不同，国内证券市场有大量中小投资者参与，您觉得这部分投资者群体应该如何参与和利用金融衍生品？

约翰·赫尔：中国市场和北美市场有很多区别，北美市场以高频交易和机构投资者为主导，北美先有共同基金，再有指数基金，所以会有基金经理帮助中小投资者设计组合指数类产品。我觉得中国也可以推出更多指数基金，让基金经理来管理，使中小投资者有渠道投资，这样能逐渐改变中国的投资者结构。

《证券时报》：您觉得中国在衍生品创新上，未来还有哪些方向？

约翰·赫尔：中金所即将推出股指期权，上交所将要推出个股期权，商品期货也有很多创新。总体来看，中国的交易所市场发展是非常完善的。另外，就是场外市场的发展。在中国，一定是以中央对手方为核心发展，是可以从北美的失败教训中吸取经验的。场外市场（OTC）还是非常有潜力的，当然这些市场的发展应该是更有纪律和效率的。

李康：将大盘下跌归咎于股指期货属于本末倒置

张 帆

文章导读

李康认为，“股指期货其实更像一种镜像，它实质上是现货的影子市场”，“仅从期指市场与大盘之间悬殊的资金体量差距看，质疑期指市场带动股市大跌是牵强的”。推出各种指数的期货产品乃至期权产品，进一步完善股票市场风险对冲工具，才能让股指期货市场更加健康发展。

本文原载于2014年3月17日《期货日报》2版，出版时标题略有改动。

李康为湘财证券首席经济学家。

李康：将大盘下跌归咎于股指期货属于本末倒置

近期，国内股市经历了一轮显著调整，大盘持续低迷，中小板及创业板指数高位回落。对于本轮市场调整的动因，各方观点不同，作为风险对冲工具的股指期货也遭受了一些质疑，《期货日报》记者就相关问题采访了湘财证券首席经济学家李康。

期货日报 | 新闻通览
人民币汇率波幅今起扩至2%
专家：股指期货产品应百花齐放
将大盘下跌归咎于股指期货属于本末倒置

“将大盘下跌归咎于股指期货属于本末倒置。”李康向记者表示，沪深300现货市场的表现决定了期指市场走势，但同时在一定程度上期指市场的走势也会反作用于现货市场。这一关系就如同生产力与生产关系间的相互作用，生产关系会对生产力产生影响，但归根结底还是生产力对生产关系起了决定性作用。“股指期货其实更像一种镜像，它实质上是现货的影子市场。”

李康表示，现货市场长达六七年的持续熊市使投资者更容易在现实低迷的资本市场走势中找出“替罪因素”。从截至2013年末期指持仓合约总面值843亿元的规模看，这只占到了沪深300指数成分股票总市值的0.44%，仅是其流通市值的0.67%，而期指市场同期保证金规模只有262亿元，仅相当国内一只中型股票的市值，又只占同期股市资金总量的5.1%。“仅从期指市场与大盘之间悬殊的资金体量差距看，质疑期指市场带动股市大跌是牵强的。”李康说。

对于本轮国内资本市场出现的一轮大幅调整，李康认为应当注意三个层面的问题：第一，目前国内股市本质上看还是“价值＋资金”复合推动型市场，尽管国内市场整体流动性相对宽裕，但由于近年来实际市场利率水平不断提高，每年新增资金进入股市的规模却不大。加上近几年理财产品市场的快速发展也分流了不少流动性，并不宽裕的资金面状况才是市场调整的根本原因。第二，目前市场对股市的认识仍停留在“以融资为中心”的旧观念上，“以投资为中心”的正确定位有待进一步强化，应通过调整构建积极的、与宏观经济政策相协调的股市政策，减弱消除非理性市场预期对基本面与股市走势关联度的干扰。第三，目前国内实体经济正在经历转型期，由投资驱动型向消费驱动型切换，这一转型不可能一蹴而就。今后及未来一段时间内的经济增长还将主要依靠投资拉动，受制于目前房地产、金融等主要领域调控政策影响，投资规模有所下降，这就给以银行、地产板块股票占据较大权重的沪深 300 指数带来了不小的压力，拖累了整个大盘的表现。

如果说 2010 年 4 月股指期货面世解决了国内股票市场没有对冲工具的问题，那么要不要进一步完善股票市场风险对冲工具则成为当前市场形势下面临的另一项重大课题。

“各种股指期货都有必要推出。”李康认为，如果只有一个品种，那么该品种的涨跌会给股指期货这一产品本身带来过大的压力。要让股指期货的覆盖面更广，市场自然就能消除对股指期货的种种误解。

“要让股指期货市场健康发展，百花齐放是必要的。比如推出各种指数的期货产品乃至期权产品，中小板与创业板的期货产品等，让各种期货产品对应各种现货产品形成资本市场的良性循环。当然，考虑各种风险因素，推出的先后次序很有讲究。”从这个角度看，李康认为，先指数期货后个股期货，先指数期权后个股期权尤其重要，毕竟个股更容易被操纵，导致的市场风险也更大。

中国金融期货交易所
China Financial Futures Exchange

投保建设

把金融期货投资者保护工作做实做好

中国金融期货交易所

文章导读

国务院办公厅发布的《关于进一步加强资本市场中小投资者合法权益保护工作的意见》从健全投资者适当性制度、建设多元化纠纷解决机制、强化投资者教育等方面对金融期货市场的投资者保护工作提出了要求。中金所必须深刻认识和领会交易所的社会责任，高度重视投资者保护工作，按照《意见》要求构建适应金融期货市场特点的投保工作体系，完善合约设计，推进产品创新，健全投资者适当性制度，丰富投资者教育形式，加大教育力度。

本文原载于2013年1月2日《证券时报》A7版。

近日，国务院发布了《关于进一步加强资本市场中小投资者合法权益保护工作的意见》（以下简称《意见》）。《意见》的出台必将提高资本市场相关各方对于投资者保护工作重要性的认识。《意见》从健全投资者适当性制度、优化投资回报机制、建立多元化纠纷解决机制、强化投资者教育等方面对金融期货市场的投资者保护工作提出了要求，对于指导金融期货市场投资者保护工作、促进金融期货市场平稳健康发展具有重要意义。

纵论投资者保护（上） A7

把金融期货投资者保护工作做实做好

一、切实贯彻落实《意见》要求，深刻认识和领会交易所的社会责任

《意见》从多个方面对金融期货市场投资者保护工作提出了要求。为了满足这些要求，中国金融期货交易所（以下简称中金所）必须始终将社会责任奉为己任，积极打造中国经济风险管理平台，将满足各类主体风险管理需求、保护最广大投资者合法权益、服务现货市场及实体经济健康发展作为立所之本，时刻铭记在心。我们清醒地认识到，金融期货与现货市场联系紧密，综合管理协调难度较大。在我国新兴加转轨的特殊环境下，发展金融期货容易引发误解和质疑，面临更多挑战。投资者保护工作开展得好不好关系到产品能否顺利推出、市场能否平稳运行、功能能否充分发挥、投资者合法权益能否充分保障，中金所必须按照《意见》的要求对于金融期货投资者保护工作高度重视，认真落实，常抓不懈。

二、按照《意见》要求构建适应金融期货市场特点的投资者保护工作体系

一直以来，在中国证监会的统一领导和有关部门及各地派出机构的支持下，中金所按照“维护市场公开、公平、公正，维护投资者特别是中小投资者合法权益，促进资本市场健康发展”的要求，以“社会责任至上”为首要价值观，坚持实事求是、坦诚自信、积极妥善的基本态度，立足金融期货市场实际开展各项投资者保护工作，在夯实市场基础、改善投资者关系、优化社会环境等方面取得积极成效，为金融期货市场稳健起步前行起到了保驾护航的重要作用。《意见》的出台必将促进中金所投资者保护各项工作的深入开展，提高投资者保护工作的系统性和针对性。

第一，完善合约规则及制度设计，切实提高投资者风险管理需求的满足程度，推动资本市场产品创新。《意见》提出鼓励开发适合中小投资者的产品，为此必须充分发挥金融期货市场风险管理功能，满足各类投资者风险管理需求，以此来促进整个资本市场的产品创新。

中金所从投资者实际需求和市场实际情况出发，充分借鉴境内外成熟经验，科学设计金融期货产品及规则体系，并根据市场发展情况调整完善制度安排，充分满足投资者的风险管理需求，积极促进市场功能发挥。一是以“加强风险管理，服务现货市场，促进功能发挥”为原则，充分考虑投资者需求，逐步形成一套较为成熟的股指期货合约及规则，并以国债期货上市为契机，全面梳理金融期货合约及规则体系，充分满足风险管理需求。二是认真倾听市场意见，广泛开展市场调研，根据市场发展情况，反复论证并适时调整完善合约及规则设计，根据机构需求调整国债期货最小报价单位等合约规则内容，将投资者需求做实，引导市场功能发挥。三是贴近市场一线，做好政策衔接，不断优化套保、套利业务管理，放松管

制、简化流程，引导和便利机构有序参与，提高市场服务水平和运行效率，深化功能发挥。四是大幅降低交易成本，适时适度调整监管指标，促进市场效率提高，还权于市场，让利于会员和投资者。2012 年，经过连续三次下调，股指期货交易手续费从万分之 0.5 下降到万分之 0.25，降幅达到 50%。

第二，完善符合资本市场投资者分类和产品分级统一要求的投资者适当性制度。中金所将国际通行的投资者分类管理制度与我国实际情况相结合，在股指期货上市时即推行投资者适当性制度，要求投资者在资金状况、知识水平、市场经验等方面满足一定的条件。随着国债期货的上市，中金所进一步优化了制度指标，简化了操作流程。实践证明，投资者适当性制度对于保障市场稳健运行发挥了举足轻重的作用。

《意见》提出要健全投资者适当性制度，明确中小投资者分类标准及依据，科学划分风险等级，这必将促进资本市场分散的投资者适当性制度的整合，提高资本市场投资者适当性制度的制度层级和约束力，更加有效地对中小投资者实施保护。

第三，利用仿真交易平台，建立风险教育大学堂。仿真交易是中金所投资者教育工作的特色，通过实战演练的形式帮助中小投资者了解产品、认识风险、熟悉规则，练兵、学习、教育融为一体，是生动、深入开展投资者教育的绝佳平台。截至目前，参与仿真交易累计近 150 万人次，是金融期货实际交易者总和的 10 倍。实践证明，开展仿真交易是新产品上市前的重要环节，对于检验技术系统、完善合约规则及深入开展投资者教育都具有重要意义。金融期货仿真交易平台获得 2012 年上海市金融创新一等奖。

第四，开展多层次的投资者及从业人员培训。《意见》要求强化中小投资者教育。中金所从建所伊始即紧紧围绕会领导将“股指期货热”转化为“投资者教育热”的指示精神，立足于“把风险讲够、把规则讲透”的原则，坚持不懈地开展了多层次、大规模、不间断的投资者教育和从业人员培训工作。几年来，中金所充分协调全市场力量，联合中国证监会各派出机构、会员单位及各行业协会等，采用培训、研讨、座谈、宣讲等多种形式开展股指期货和国债期货的投资者教育及从业人员培训，累计举办各类活动近2 500场，培训约56万余人次，覆盖全国30多个省、自治区、直辖市的169个城市，涵盖包括中小投资者在内的各层次投资者和从业人员，为金融期货产品的平稳推出和安全运行，以及整个行业的培育和发展创造了良好环境。

第五，积极营造良好的社会舆论环境，深化投资者教育。《意见》要求投资者教育要充分发挥媒体的舆论引导和宣传教育功能。中金所领导亲自带头研究撰文，连续发表多篇署名文章，详细介绍说明市场运行情况，主动阐述金融期货市场的功能作用，直接回应社会关切的热点问题。中金所还联合中央电视台财经频道制作三集专题纪录片《国债期货》并播出，配合国债期货上市积极进行宣传推广。针对投资者的误解及质疑，中金所遵循新闻传播和舆情发展规律，及早做好宣传教育安排，如早在国债期货筹备阶段，就针对“327国债期货风险事件不会重演”等进行有针对性的宣传，收到良好效果。

第六，不遗余力地推送教育产品，满足投资者自我学习需求。《意见》要求提高投资者风险防范意识，要求中小投资者树立理性投资意识，依法行使权利和履行义务，养成良好投资习惯，不听信传言，不盲目跟风，提高风险防范意识和自我保护能力。中金所通过制作通俗易懂的投资者教育产品供市场使用，满足金融期货市场投资者的自学需求，为投资者特别是中小投资者提高自我保护能力创造条件。针对股指期货，共编制知识丛书、系列手册、系列光盘、海报及期货词典6大类63款约120万字的投资者教育资料，累计发放130万份，覆盖会员公司各下属营业部。针对国债期货，已经制作了4本知识手册、4款海报和15款宣传单页，根据期货公司需求充分满足、足额发放，目前已发放超过32万份，涵盖100多家公司。此外，近年来，交易所内部大兴研究之风，形成了一批有质量的研究成果，并以《金融期货与期权丛书》《金融期货研究》《衍生品评论》等书籍或单册形式，积极将研究成果向外部推送。

三、努力开创金融期货投资者保护工作新局面

中金所一直扎实开展投资者保护工作，取得了积极成效。但是，金融期货市场的成熟完善，尤其是能够被社会大众所普遍认识和接受，还需要一个过程。社会信息传播模式的深刻改变及知识信息的碎片化、脱媒化要求投资者教育更加突出针对性、时代感，更多考虑客户感受。随着国债期货的上市，金融期货产品涉及范围更广泛，投资者群体更加多元化，这也对投资者保护工作提出了新要求。

改革以问题为导向。面对不断变化的市场形势和客户需求，中金所必须按照《意见》要求不断克服自身工作不足，深化认识、改进方式、狠抓落实。一是高度重视投资者保护工作，将其作为“社会责任至上”理念的重要体现，融入发展目标，渗透进思想灵魂，写入立法条文，贯穿和落实于产品设计、规则制定、市场监管、市场宣传、客户服务与投资者教育等各个业务环节。二是要加快金融期货市场产品创新和规则完善，打造中国经济风险管理平台，满足各类投资者风险管理要求，以此来落实《意见》要求，促进资本市场投资渠道和产品的丰富。三是加强和改进投资者教育和互动工作。投资者教育要克服产品的专业性造成的与投资者之间的技术壁垒，将专业严肃的自说自教转化为通俗易懂的诚恳沟通，力争讲清、讲透、讲够，讲进心坎，浇水到根。要利用好各种新媒体、新平台、新渠道开展投资者教育和互动，认真、坦诚和积极对待投资者诉求与社会不同观点，深入研究形成科学判断，旗帜鲜明地亮出观点，同时加强沟通交流，努力凝聚社会共识，扩大投资者教育效

果。还要紧抓重点，加大重点走访力度，做好社会重大关切问题的疏导化解。四是探索建立适合中国金融期货投资者结构特点的多元化纠纷解决机制，做好金融期货投资者与市场经营主体之间纠纷的协商、调解、仲裁、诉讼等制度安排和对接。

党的十八届三中全会全面吹响深化市场化改革的号角，金融期货市场在全面实现“高标准、稳起步”的预定目标后，将迎来新一轮发展机遇。面对市场迫切的风险管理需求和光荣的历史使命召唤，中金所在积极推进市场建设、满足各方主体避险需求的同时，将更加突出重视并扎实做好投资者保护工作，努力建设一个“社会责任至上、市场功能完备、治理保障科学、运行安全高效”的人民群众满意的交易所。

适当性制度面面观

鲁东升　佟伟民　陈一侨

文章导读

借鉴海外经验并考虑到中国金融期货市场的具体情况，中金所在中国证监会指导下建立了金融期货适当性制度。从国际经验来看，适当性制度是金融市场的基本制度。金融期货市场的高风险性要求客户具备较强的风险承受能力，而我国资本市场客户结构以中小散户为主，这使得在金融期货市场建立投资者适当性制度尤为重要。

金融期货投资者适当性制度具有投资者教育和风险揭示的内涵。从实践情况看，适当性制度的实施保证了股指期货上市三年多来运行平稳有序，客户参与度较高、交易理性、投诉纠纷极少。未来适当性制度将与时俱进，具体操作中将更加注重经验、知识等参与要求，进一步满足中小散户的避险需求。

本文原载于2013年11月25日《上海证券报》专版。

作者分别为：中国金融期货交易所副总经理；中国金融期货交易所监查部总监助理；中国金融期货交易所监查部员工。

以中小散户为主的客户结构是当前我国资本市场最基本的国情和市情。考虑到这一特殊情况及金融期货市场高风险和专业化的特点，借鉴海外经验，中国证监会指导中国金融期货交易所（以下简称中金所）建立了金融期货投资者适当性制度，旨在保护中小散户的权益，核心思想是“将适当的产品销售给适当的客户”，具体体现为“有资金、有知识、有经验”的要求。从三年多的运行情况看，适当性制度有效阻止了中小散户盲目参与，保护了客户利益，维护了市场稳定，制度效果已经显现。

Special pages 专版 19

适当性制度面面观

一、适当性制度是金融市场的基本制度

金融市场是一个有风险的专业化市场，从股票、债券、外汇等基础性资产到期货、期权等场内衍生品，再到纷繁复杂的场外衍生品，林林总总，包罗万象。各种产品的功能、特点、复杂程度和风险收益特征都千差万别。金融市场遵循一条从简单到复杂、从低风险到高风险的发展路径，对投资者提出了越来越高的要求；而广大投资者在专业水平、风险承受能力、风险收益偏好等方面都存在很大差异，对金融产品的需求也不尽相同。

市场创新发展中的风险增加与大量中小投资者金融知识不足、风险意识不强之间存在着深层次矛盾。因此，金融市场的长期稳定发展需要客户的专业化程度和风险承受能力与产品相匹配，“将适当的产品销售给适当的投资者”，这也是金融业的基本守则和道德底线。于是，适当性制度就成为金融市场的一项基本制度，是切实维护客户合法权益、保障市场创新的基石。

从国际经验看，如何保障投资者合法权益，正确引导投资者尤其是中小投资者理性、有序进入证券、期货及其他金融衍生品市场，是各个国家和地区资本市场发展的一个重要课题。包括美国、欧洲、日本及中国港台等在内的全球大多数市场，都建立了相应的投资者分类管理制度。这些市场的通常做法是，根据投资者资产状况、投资经验和对产品的认知程度，将投资者进行合理分类，给予不同的市场准入，并开展有针对性的市场营销。比如，美国将证券投资者分为认可投资者[①]、合规投资者、机构投资者三类，欧盟将金融市场客户分为零售客户、专业客户和合格对手方三类。尤其是在私募发行、场外市场、衍生品等风险较高的发行及交易环节上，境外市场更注重建立投资者分类管理制度，防止向投资者不适当地推销产品。例如，美国市场针对私募证券转让，建立了合格机构购买者（QIB）制度，规定受限证券发行和交易的买家需持有1亿美元证券资产；中国香港市场在不确定性较大的俄罗斯铝业新股发行时也曾限制普通散户参与；日本市场直接限制中介机构多次向普通散户电话营销金融衍生品。

对于我国境内资本市场而言，以中小散户为主的客户结构是当前最基本的国情和市情。境外成熟市场尚且对投资者进行分类管理，从我国目前的市场生态来看，监管机构更需要采取针对性措施来保护中小散户权益，引导市场健康、有序发展，建立适当性制度尤显重要。

---

① 个人资产净值或与配偶合计的联名资产净值超过100万美元的自然人；或近两年内，每年个人收入超过20万美元或与配偶合计收入超过30万美元；或投资非特定证券组合的总价值在500万美元以上的信托产品的投资者。

二、期货市场的高风险性要求客户具备较强的风险承受能力

期货市场具有价格发现、风险管理等功能，对维护国家金融安全、帮助微观主体对冲风险具有重要意义。然而，对于参与者而言，期货市场与现货市场不同，具有杠杆交易和当日无负债结算等特点，是一个高风险的专业化市场，对参与者的风险承受能力有更高的要求。

期货市场采取保证金交易，杠杆的放大作用不可小觑。以2013年6月24日为例，当日沪深300指数暴跌6.31%，按照12%的保证金标准约8.3倍杠杆率计，当天股指期货多头客户最高损失可能达52%。遇到市场连续暴涨或深跌，如果风险控制不力，更会有大量客户血本无归。数据显示，截至目前金融期货市场累计开户超过16.3万个，客户盈亏比例约为1∶3，期货市场的高风险性可见一斑。

期货交易实行当日无负债结算，收盘后即划付盈亏，这就决定了客户需要实时关注市场风险，做好风险管理和资金管理。一旦市场出现不利走势，投资者需要立即止损或补足资金，以防损失扩大或被动平仓。在期货市场，即使看对了大方向，如果风险控制不好，也可能被小的回调淘汰出局，等不到胜利的那一天。例如，中航油（新加坡）公司曾在2004年看空油价，出售原油看涨期货期权，但在油价一路走高造成亏损的过程中不但没有及时斩仓止损，反而不断加仓，最终爆仓造成5.5亿元巨亏。虽然斩仓之后油价大幅回落证明其大方向没错，但中航油（新加坡）公司已因无力追加资金而被提前淘汰出局。

在中国期货市场二十多年的历史中，有过很多鲜活的案例和惨痛的教训，如今的期货市场监管制度就是在这些教训的基础上一步步发展而来。市场参与各方都应牢记教训，正确认识市场风险。正是在深入总结二十多年经验教训的基础上，尤其是针对股指期货高风险的特性，才对参与股指期货市场的客户提出了“有资金、有知

识、有经验”的要求。为防止资金实力不足的客户因盲目入市而影响正常生活，综合考虑每手合约价值、保证金比例等因素，要求客户拥有较强的资金实力，制定了50万元的可用资金标准；为引导客户深入了解股指期货产品的特点、了解市场风险后审慎参与，要求客户具备金融期货基础知识，并通过相关测试；同时，客户还须拥有较丰富的投资经验，如一定数量的金融期货仿真交易记录或一定时期内的期货交易成交记录，防止经验不足甚至毫无经验的客户非理性参与。

三、适当性制度更具投资者教育和风险揭示的内涵

面对金融期货市场的高风险特征，适当性制度不只是提出“有资金、有知识、有经验”的要求，更有投资者教育和风险揭示的内涵。中金所本着“把规则讲透，把风险讲够”的理念，将简单的限制参与变为深度的客户教育服务，三年多来已举办会员合作培训1 393场、套期保值研修班59场、中金所茶座25场、“股指期货行”投资者教育活动75场、股指期货从业人员培训73场、股指期货合作指导等培训404场，以及国债期货相关培训147场，总计各类培训共2 176场，培训42.3万人次。

此外，中介机构在适当性制度的执行过程中身处市场一线，发挥了更重要的作用。在客户开户时，期货公司都会向客户出示期货交易风险说明书，向客户明确揭示期货交易可能发生损失总额超过全部初始保证金，以及追加保证金、保证金不足或违反交易规定可能被强行平仓等风险，引导客户认真考虑自身经济能力是否适合进行期货交易，并要求客户抄写确认相应内容；同时对客户进行风险承受能力评估和金融期货知识水平测试，客户评估和测试合格后方可开户。期货全行业已形成统一的风险意识，有效避免了中小散户盲目入市，保护了客户合法权益。

在市场竞争中，中介机构有开发更多客户入市参与交易的冲

动，客户开户越多，交易所也会获得越多的手续费收入，但出于市场建设和投资者保护的社会责任，中国证监会和中金所通过各种途径，强化客户风险意识，加深客户对产品的认知，让客户在认清风险、学透规则之后再考虑参与交易，并监督中介机构有效评估市场参与者对产品的认知程度、接受程度和风险承受程度，督促期货公司了解自己的客户、适当选择客户，并对客户进行分类管理，充分揭示产品风险，将适当的产品销售给适当的客户。对于不履行风险揭示职责、过度开发客户的会员，中金所均予以严肃处理，三年多来已累计处罚18起。

早在股指期货上市前，中金所就开展了面向全社会的仿真交易，近七年来已有超过144万人开户参与。为确保仿真交易的效果，中金所开发了“金融期货仿真平台”，并获得2012年度上海金融创新成果一等奖。通过仿真交易，投资者对产品有最直观的参与体验，根据切身感受理性选择是否参与正式交易。自股指期货起，仿真交易已成为中金所新产品开发中必不可少的一环，也成为重要的投资者教育课堂。

我们看到，股指期货仿真交易近七年来累计开户超过144万户，交易所和中介机构通过多种渠道培训客户40余万人，但最终只有16万余人开立了股指期货账户，大部分人在真正理解市场风险、了解金融期货专业性特征后主动放弃开户，这是客户自然选择的结果，也是适当性制度的效果体现。

四、适当性制度实施效果良好

从实践情况看，股指期货市场依靠适当性制度把关，从1.3亿股票有效账户、78万期货客户中筛选出仅仅16万有资金、有知识、有经验的客户参与股指期货交易，没有让大量不适合参与的散户盲目入市造成损失。这对维护市场安全平稳运行、保护中小散户利益起到了积极作用。

第一，股指期货上市三年多来，市场运行平稳有序。股指期货价格始终围绕现货价格波动，两者高度拟合，价格相关性高达99.89%，收益率相关性也达到94.59%，没有出现过度“炒新”现象。经过三年半，沪深300股指期货已经展现较为成熟的市场特征，这和客户的理性交易密不可分。

第二，通过适当性制度的筛选，客户参与度较高。在开户的16.3万个客户中，参与过交易的客户为14.6万个，户参与率达90%，远远高于商品期货。而且，近一年活跃的客户数高达10.7万个，占全部开户数的66%。

第三，尽管金融期货市场属于高风险的专业化市场，但经适当性制度筛选的客户表现出较强的风险控制能力。任何市场都难免出现亏损，而金融期货市场亏损客户中绝大部分亏损金额在10万元以内，市场总体交易理性。

第四，客户交易较为理性，亏损自负，呈现出较强的风险承受能力。极少有客户因自身原因而产生投诉、交易纠纷等事件，这也充分表明适当性制度发挥了的重要作用。

期货交易本身是零和交易，不存在股市的财富效应，没有普遍赚钱的可能。因此，国际金融期货市场上的参与者主要是各类机构客户。任由散户参与交易，结果只能是造成更多亏损。试想，倘若没有适当性制度，大量中小散户涌入股指期货市场，在总体下行的市场行情下，习惯了做多思维的中小散户必将蒙受损失。因此，劝阻中小散户勿盲目参与就是对他们的最大保护，也是市场组织者应有的社会责任。

五、未来将进一步满足中小散户的避险需求

适当性制度实施以来，取得了较好的效果，保护了客户的合法权益，维护了市场平稳有序发展，是金融期货市场的重要保障。未来在新产品创新中，特别是高风险产品的创新中，我们还将坚持

“将适当的产品销售给适当的客户”的理念，继续实施适当性制度。但也要看到，市场是不断变化的，适当性制度也要与时俱进，不能一成不变、墨守成规。在国债期货上市筹备过程中，中金所广泛听取了市场呼声，不断提升适当性制度操作的便利性，作出取消临柜开户等一系列优化安排。未来随着市场的发育完善、客户的逐步成熟、风险意识的提高、产品认知的深化，适当性制度的内容也将不断完善，具体操作中将更加注重经验、知识等参与要求，以适应市场的需求。中金所也将采取有效措施满足各类客户的风险管理需求，目前正在加紧指数期权的准备。买入期权的交易投资成本确定，风险可控，能够为了解期权知识、掌握期权特点、理性参与的客户提供更便利的避险工具。

与此同时，大的趋势应该是由各类中介机构提供更丰富、更个性化、更有针对性的理财产品，特别是具有稳定收益与较低风险的结构化产品，为散户提供间接投资和分享发展的渠道。场内期权产品的推出将使金融机构能以更低的成本更容易地构建结构化产品和相关的ETF产品，从而在一定程度上促进和帮助结构化产品获得市场认可。在欧美成熟市场，金融机构普遍使用期权开发结构化产品，大量的结构化产品和ETF满足了投资者多层次收益和避险的需求。以美国股指期权市场为例，芝加哥期权交易所（CBOE）编制了基于S&P500指数备兑看涨期权策略的Buy - Write Index（BXM），主要用于衡量通过持有S&P500指数的股票现货组合并每月卖出一个看涨期权所获得的收益水平。该指数一经推出就获得投资者的欢迎，市场机构纷纷推出了和该指数相关联的结构化产品和交易所挂牌产品。其中，Power Shares S&P 500 Buy Write Portfolio是此类产品中最大的一个，资产规模已接近10亿美元。2012年，该产品相对S&P500指数的超额收益基本保持在10%以上，获得市场认可，满足了相当一部分投资者的需求。我们可以借鉴海外经验，由机构推出丰富的结构化等理财产品，满足各类风险偏好投资者的需求，化零为整，发挥机构的专业特长，代散户投资避险，帮助客户实现资产的保值增值。

适当性制度伴随中国金融期货市场的开创和发展，初步摸索出一条符合国情和市情的实践之路，“把适当的产品销售给适当的客户”的理念逐步深入人心。我们相信，适当性制度在保护中小客户合法权益、维护市场安全运行、确保金融创新成功等方面将继续发挥出其应有的效果。

股指期货交易过程中常见的几大误区

惠 湄 顾 耀 陈一侨

文章导读

一些客户在交易股指期货的过程中存在以下几个误区：一是期指当股票，避险当投资；二是长期持有，“买长”不动；三是习惯“多头”思维，不能及时止损；四是忽视杠杆“双刃”，低估亏损幅度；五是主观臆断市场，盲目预测“顶底”；六是只看大方向，不顾小波动。这些误区源自两个因素：一是投资者缺乏明确的自我认知，二是对股指期货的杠杆特征和双向交易机制缺乏足够认识。投资者应当充分认识股指期货的特性和交易机制，慎重选择与自身能力相匹配的金融产品。同时，市场各方都应当共同努力，坚持实施投资者适当性制度，维护股指期货的健康运行。

本文原载于2013年11月29日《上海证券报》A5版。

作者分别为：中国金融期货交易所董事会秘书；中国金融期货交易所监查部员工。

由于和股票市场高度相关，股指期货上市后，一些客户带着股票市场固有思维和交易习惯参与进来。个别参与者没能仔细区分股票和股指期货两者的本质差异，把股指期货当股票“投资”甚至“炒作”，陷入产品认知不足、“多头”习惯思维、套用股票操作手法、主观臆测走势等种种误区，给自己带来不小的损失。

Research 研究·财富

股指期货交易过程中常见的几大误区

误区一：期指当股票，避险当投资

一些投资者把股指期货当作与股票一样的资产进行买卖，将股票的价值投资理念套用到股指期货上，这是对股指期货本质的误读。作为股票的风险管理工具，股指期货并不属于资产，也就不具备投资价值，只有工具使用的补偿价值。

从本质上讲，股指期货并不存在“投资”概念。股票交易的目的是持有上市公司股份，要么在企业成长中分享股息，要么在股价上涨中获取资本利得，是一种财富增值的工具，而股指期货只是为股票持有者提供转移价格风险的工具，最大的功能是保值避险，其盈亏与股票盈亏的本质含义截然不同。对于避险者而言，参与股指期货的最主要目的是对冲现货风险，在持有股票现货的同时，在股指期货市场持有反向头寸，锁定风险，好比为股票上了保险。其股指期货市场盈利对应的是股票市场亏损，反之亦然。因此，避险者在股指期货市场的盈亏是其对冲现货风险的补偿或成本。对于投机者而言，他们是避险者的对手方，为市场提供了流动性，赚取的是其承担风险的补偿。

误区二：长期持有，“买长”不动

受股票交易思维影响，一些股指期货客户具有长期持有、“买长”不动的习惯。这在股指期货客户平均买持仓周期大于卖持仓周期中可见一斑。

持有股票理论上没有到期期限，可以长期持有，除非企业倒闭。股票价值投资者一般主张长线运作；股票趋势投资者在行情反转前也乐于长期持有；股指期货合约则有固定的生命周期，到期要么移仓，要么交割，不具备长期持有的基本条件。

误区三：习惯“多头”思维，不能及时止损

一些股指期货参与者局限于股票的“多头”思维，习惯性地期望市场上涨。如果一味做多，一旦市场出现不利走势，所持有的多头头寸将亏损。很多股票投资者因为套牢而“被”长期持有，甚至自嘲“炒成股东”或权当“存银行”，也许会等到翻本的那一天。可是，杠杆和当日无负债结算等特点让股指期货客户可着实“套不起”。有些股票投资者习惯于“越跌越买”、“拉低持股成本”等操作手法，这些手法如果套用到股指期货上是非常危险的。

误区四：忽视杠杆“双刃”，低估亏损幅度

杠杆交易是境内市场股指期货与现货在交易机制上的重大区别。买卖股票的理论最大亏损是全部本金，而股指期货的保证金交易是把“双刃剑”，盈利与亏损都成倍增加。不少股指期货参与者希望通过杠杆放大赚钱效应，却往往忽视杠杆效应同样可以导致亏损倍增的局面。一旦股指期货市场出现不利走势，如果不能及时止损或补足资金，损失可能成倍放大或被动平仓。

误区五：主观臆断市场，盲目预测“顶底”

很多投资者在股票交易中习惯预测并人为设置股市“顶”和“底”，进而推生出股指期货的高低点，据此进行交易。然而，市场不可盲目预测，历史走势也难以重演。例如，20 世纪六七十年代随着经济腾飞，日本股市涨幅达十几倍，80 年代后涨幅进一步扩大。1989 年年底，日经 225 指数攀升至 38915.87 点的历史峰值。此后，随着经济泡沫破灭和房地产市场腰斩，日本股市一路下跌，最低探至 7054.98 点，不及顶点的 1/5，至今也仅 14000 余点，20 余年未见明显起色。其间不乏投资者试图预测市场“顶”和“底”，孰料低点一个比一个低，多年下来徒劳无功。

市场走势本就不易预测，特别是股指期货合约有一定期限，又具有杠杆特性，使用不当还可能放大损失。通过简单判断市场“顶底”来进行交易是非常危险的，值得参与者警惕。

误区六：只看大方向，不顾小波动

在股指期货交易中，即使看准了行情大方向，也不能像股票那样简单地一捂到底。

看对大方向只是前提，如果整个交易过程中风险控制和资金管理做得不好，可能在并不大的行情调整中因为满仓操作或者杠杆放大风险而被淘汰出局，“猜到了开头却没有猜到结局”，等不到最终胜利的那一天。

以上是股指期货交易过程中常见的几种误区，现实中存在的误区并不止于此，其中大多数误区归根结底源自两个因素：一是一些股指期货参与者缺乏明确的自我认知，即作为参与者，对自身的参与目的没有清晰的定位，也就没有搞清楚该用哪些操作手法；二是一些股指期货参与者对杠杆特征和双向交易机制缺乏足够的认识，没有高度重视杠杆对于盈亏——特别是亏损的放大效应。

认清误区，更要走出误区。对于投资者而言，要了解自身的风险认知和承受能力，慎重选择风险与自身能力相匹配的产品。在参与股指期货交易之前，应对股指期货的本质、特性及交易机制有清晰的认识，切不可盲目入市。同时，应该促进各类机构设计出更多更个性化、更有针对性的理财产品，为没有时间交易、没有足够资金实力、不熟悉股指期货产品特点、风险承受能力不强的众多中小散户提供更多分享企业和经济发展成果的渠道。作为金融机构，要真正了解客户的特点和需求，把适当的产品销售给适当的客户。对于市场组织者而言，则要坚持投资者适当性制度，不断加强投资者服务和教育。通过市场各方的共同努力，维护股指期货市场的健康运行，促进风险管理功能的发挥。

中国金融期货交易所
China Financial Futures Exchange

套保研究

如何看待机构客户的期指套保及盈亏

张慎峰　惠　湄　陈一侨

文章导读

股指期货上市以来，运行平稳，流动性好，风险管理功能明显发挥，机构客户有序入市全面参与股指期货套保、套利、投机三类交易。机构客户参与股指期货市场的最主要目的是对冲现货风险，因此多数开展空头套保业务。这是机构客户在某种市场条件下的自主选择，并不存在机构恶意做空股市，谋取不当利益的说法。另外，不能割裂地看待股指期货，应该将期现货统一起来。从交易上看，机构客户看似在股指期货上是做空，但其在现货上的头寸更大，仍是净多头，多数机构空头套保持仓仅占股票资产的10%～20%；从盈亏上看，机构进行期货套保后，如果现货赚钱，期货就赔钱，相反，如果期货赚钱，现货则要赔钱。在三年半以来股市总体下行的行情下，机构客户虽然在股指期货市场空头套保获得了一定的收益，但同时其在现货市场也承受着更大的损失，总体上仍然是净亏损。

事实上，机构客户通过合理运用股指期货有效规避了股市下跌时面临的投资风险，同时，减少了在现货市场抛售的压力。

本文原载于2013年12月3日《中国证券报》A6版。

作者分别为：中国金融期货交易所党委书记、董事长；中国金融期货交易所董事会秘书；中国金融期货交易所监查部员工。

股指期货上市以来，市场功能发挥良好，起到了股市“缓冲阀”和“减震器”的作用，对防范市场系统风险具有重要意义。以证券公司为代表的特殊法人客户（这里统称为机构客户），运用股指期货管理风险取得显著成效，保值避险效果良好。但是，机构客户在股指期货市场上的套保交易，尤其是获利情况受到较多关注甚至是误解。本文将对机构客户在股指期货市场的交易情况进行分析，谈谈对机构客户盈亏情况的几点看法。

中国证券报

一、机构客户有序入市，全面参与股指期货套保、套利、投机三类交易

股指期货上市交易三年半以来，运行平稳，流动性好，风险管理功能明显发挥，吸引了越来越多的机构客户入市套保避险。截至2013年11月15日，股指期货市场共有机构客户190家，机构产品账户1 359个，开设交易编码1 848个。机构产品账户中，证券自营72个，证券资管产品304个，合格境外机构投资者（QFII）客户16个，基金产品540个，信托计划128个，保险产品9个，期货资管产品290个，基本除银行外各类机构客户均已入市。机构客户日均成交1.2万手，占全市场总成交量的1.4%；日均持仓3.5万手，全市场持仓占比27.6%。

从交易方式上看，机构客户参与股指期货市场较为全面，套保、套利、投机各类交易均有参加，但以套保为主。以本文统计截

A06·财经新闻

如何看待机构客户的期指套保及盈亏

止日的2013年11月15日为例，机构套保、套利和投机交易占比分别为18.28%、44.23%和37.49%，持仓占比分别为51.95%、26.09%和21.95%。机构交易以套期保值为主，这既是各类机构客户的监管机关在机构参与政策中规定的内容，也符合期货市场促进功能发挥的引导方向，更是限制机构投机、保护中小客户合法权益的有力措施。

二、机构客户现货做多、期货做空，在股指期货市场以空头套保为主

机构客户参与股指期货市场的最主要的目的是对冲现货风险，因此套保持仓以空头居多。这是市场客观条件及其套期保值为主的交易模式决定的，是保持资产价值稳定、防范股市下跌风险的保护措施。

（一）机构客户在现货市场始终是“多”大于“空”，期货市场多空平衡，机构倾向套保做空是当前市场条件下机构的自主选择

股指期货市场采取双向交易机制，期货合约都是多空双方成对“出现”的，有空必有多、多空必相等，没有独立存在的多头或空头。至于机构套保持仓以空头为主，这是客户在当前市场条件下自主选择的结果。一是交易工具单一，股市做多为主。境外金融市场交易工具丰富，多空机制健全，机构客户可以使用金融期货为各种各样的资产组合进行套保，除了空头套保外还提供了大量稳定的多

头套保头寸，套保持仓相对平衡；而境内市场交易工具较少，股市做空避险机制远不如做多机制发达，机构客户持有大量股票现货，因而更倾向于进行空头套保对冲其现货持仓风险。二是股市持续下跌。近年来，股市持续调整，投资者为了避险倾向于在股指期货市场进行方向相反的空头套保交易。三是机构客户自身结构问题。境外股指期货市场有大量资产管理机构，提供了大量稳定的多头套保头寸，套保持仓相对平衡；而境内套保客户以证券公司自营为主，他们持有大量股票，主要就是做空期货对冲现货风险，导致空头套保持仓占比较高。四是期现价格长期呈现正基差。过去三年半来，欧美等境外市场大多以负基差为主，美国自2009年以来负基差天数达到99%，但因无风险利率大大低于股息率等原因，股市还是长期稳步上涨；而境内股指期货市场以正基差为主，截至2013年11月15日，主力合约正基差天数达到67.94%。客户本能地更多选择期货空头而非多头策略，获取展期收益而非承担展期成本，助推空头套保持仓增加。在各方努力下，近期机构多头套保的使用逐渐增多，多头套保持仓已经有所增加，多空持仓结构正在向更加均衡的方向发展。

（二）机构卖空期货有严格的操作规定

机构为了防范股市下跌风险，通过卖出股指期货的方式为持有的股票上了保险，这就像我们正常买“人身险”、“财产险”，以及为汽车购买各类保险一样，是机构客户为其资产保值、稳定市值、平滑股市波动的保护措施。交易在操作上都有严格纪律，不会被机构用来追涨杀跌、加剧股市波动。

（三）机构空头套保为主不改变其整体多头属性

套期保值是跨期、现货市场进行方向相反的对冲交易，不能将期现货头寸割裂来看。机构在期货上做空，但在现货上的头寸更大，仍是净多头。多数机构空头套保持仓仅占股票资产的10%～20%，即使目前股指期货持仓规模最大的五家机构，也不超过60%。市场上被称为“空军司令”的几家大券商其实都是期货空头、现货多头、绝对多头，机构仍是做多而非做空股市的主体力量。

(四）机构套保基本体现为被动成交，不会对市场价格造成额外打压

三年半来，机构套保日均成交量不到6 000手，仅占全市场双边总交易量的0.6%。机构套保账户限价单占全部委托的8成以上，较少使用市价单。套保账户平均单笔报单量不足5手，市价单平均报单量则更小，仅为买一档位平均深度的18.1%，“没有主动向下伸手捞单子”，一般不会击穿买一档位。除极少数情况外，机构客户在套保交易中总体上倾向于被动等待成交。

(五）套保机构期现货盈亏互抵，没有动力主动打压价格

机构进行期货套保后，如果现货赚钱，期货就赔钱；相反，如果期货赚钱，现货则要赔钱。由于是净多头，如果股市下跌，机构期货空头套保获利，现货多头持仓则亏钱更多。以跌幅最为剧烈的2013年5月28日至6月25日期间为例，沪深300指数暴跌16.7%，某机构客户股指期货空头持仓盈利4.4亿元，但同时其现货持仓在股价下跌中亏损8.8亿元，总体仍亏损4.4亿元，但盈亏相抵波动减小。而且，市场下跌影响的不仅是机构自营业务收益，经纪、投行、资产管理等业务负面影响更大。因此，机构没有做空期货、打压价格的动力。

三、机构套保要“两头看”，期货盈利只是抵补现货亏损

机构客户的套保交易涉及期现货两个市场、两种资产，套保交易的综合盈亏效果也必须结合期现两个市场的盈亏来看。在三年半

以来股市总体下行的行情下，机构客户虽然在股指期货市场空头套保获得了一定的收益，但同时其在现货市场也承受着更大的损失，总体上仍然是净亏损。

具体来看，机构客户每月的盈亏情况与股票现货走势恰好呈现很强的负相关关系，相关程度高达78.6%。股市上涨时，机构客户在股指期货市场往往出现亏损；而在股市下跌时，他们在股指期货市场能够实现盈利。例如，在2012年12月，沪深300指数累计上涨17.9%，机构客户虽然所持股票收益不菲，但在当月股指期货累计亏损57.6亿元；而2013年6月，现货市场连续下挫超过15%，机构客户从股指期货套保中获得了盈利，但同时在现货市场的损失却远高于期货盈利。

可见，机构客户在期现货市场的盈亏是相伴而生，相互对冲的。在股市下跌过程中，机构客户在股指期货市场获得的盈利也均用以补偿其现货资产的损失。因此，对于机构套保客户的盈亏情况应该综合期现两个市场共同来看，看到其期货套保盈利的同时，应注意到其股票现货持仓也承担了相应的亏损。

四、期货套保并非盈利保证，最终取决于股市走势、策略选择等条件

机构在期货上的套保交易并非绝对盈利保证，期货交易有的盈、有的亏，有时盈、有时亏。近几年股市总体下跌，卖出期货进行套保的机构客户总体上会获得一定盈利（当然在现货上亏损更多），但并非所有机构都能盈利，盈利机构也不是在所有时点都能持续盈而不亏。而且，如果股市上涨，则卖出期货进行套保的机构将总体上在期货上出现亏损（在现货上则盈利更多）。

一方面，并非所有机构客户在股指期货市场都是盈利的。各家机构由于交易策略、套保比例、入场时点等选择不同，其盈亏情况也不尽相同。截至2013年11月15日，有35%的机构客户在股指期

货市场是亏损的。盈亏是市场的常态，机构客户也仅是市场众多参与者之一，只是因为其自身的专业性，从表面上看，比普通投资者更具优势，但也要承担投资风险，不可能只盈不亏。

另一方面，盈利的机构客户也并非持续盈而不亏。机构客户空头套保的交易性质决定了，在市场下跌时会实现盈利弥补现货亏损，但在市场上涨、现货赚钱时期货也会亏钱。举例来看，2012 年 12 月 3 日至 2013 年 2 月 8 日，股市连续上涨，沪深 300 指数累计涨幅达 30%。期间机构客户在股指期货市场大面积亏损，亏损比例高达 85%，累计亏损超过 100 亿元。其中，几家套保规模较大的证券自营账户在股指期货市场共计亏损 30 多亿元。当然，因市场上涨，他们在现货市场赚得更多，总体并非亏损。

五、机构套保减少股市抛压，期指市场功能逐步发挥

机构客户通过合理运用沪深 300 股指期货，有效规避了股市下跌时面临的投资风险，同时减少了在现货市场抛售的压力。股指期货在极端行情下减轻现货市场下行压力、降低市场波动、维护市场健康稳定发展的作用已经逐步显现，市场功能得以发挥。

以 2013 年 6 月 24 日 A 股市场出现大幅下跌为例，当日沪深 300 指数暴跌 6.3%，套保业务开展较深入的证券公司等机构不但没有在现货市场大幅抛售，反而买入沪深 300 指数成分股近 20 亿元，这主要是由于他们持有股指期货空头仓位可以有效进行避险；而未参与套保的一些大基金只能在下跌行情中减仓离场，净卖出沪深 300 指数成分股近 60 亿元。这一例证表明，在极端行情下，由于股指期货套期保值功能的发挥，机构客户避免了在现货市场进行集中恐慌性抛售，提高了股市内在稳定性，降低市场下跌幅度。未使用股指期货的机构客户不得不在股市极端行情下大进大出、追涨杀跌，加剧市场波动，不利于资本市场的健康稳定发展。

三年半来，各类机构客户有序参与股指期货市场，积极进行风

险管理，有效通过期货套保在一程度上抵消现场资产亏损，初步达到了保值避险或减亏的目的。尤其是，机构并未借此打压市场获利，更大大减少了极端行情的现货集中抛售，有助于平抑市场波动，提高了股市内在稳定性。因此，我们必须针对套保交易的性质，从期现货“双边着手、两头看”，正确地认识到机构客户期货套保交易的避险性质和市场稳定作用，认识到其对间接保护全体投资者利益的积极效果。期货套保并非只对机构开放，同样为个人投资者敞开大门。当然，股指期货适当性制度门槛过高的问题也是应该予以关注和逐步优化的问题，但机构专业水平更高、风险承受能力更强，他们率先的套保实践与探索，对于总结成熟的套保经验和规律，充分发挥股指期货市场功能，大力倡导风险管理文化，有着十分重要的价值，既要加以严格管理规范，也应该得到社会的理解和认可。

从中美对比看机构期指套保持仓特点

蔡向辉　黄　博

文章导读

研究发现，与我国一样，美国股指期货套保持仓多空大体均衡，但空头略大，套保持仓体现为净空头。此外，美国的交易商中介（与我国券商业务类似）与我国券商一样，持有大量的股票现货，需要股指期货对冲股价下行风险，从而主要进行空头套保。值得注意的是，尽管中金所全面容纳、支持甚至鼓励多头持仓，但市场缺乏像美国资产管理机构那样的多头套保主力军，套保主体过于单一，这限制了多头套保持仓的发展。

总体上，我国股指期货套保结构合理，符合市场发展初期的特征，相信随着多元化的机构投资者有序入市，我国股指期货市场套保结构将更为合理，逐步向成熟市场看齐。

本文原载于2014年1月23日《证券日报》B3版。

作者分别为：中国金融期货交易所投资者教育中心副总监；中国金融期货交易所投资者教育中心员工。

保险·调查 INVESTIGATION B3

从中美对比看机构期指套保持仓特点

沪深300股指期货上市三年半以来，运行平稳规范，机构有序入市，持仓稳步增加，套期保值等市场功能逐步发挥。但是，基于种种原因，目前机构利用股指期货以空头套保为主。有观点就此认为，机构正借此做空期指，打压股市，将机构多空持仓结构的不均衡归罪于市场下跌。我们选取具有代表性的美国股指期货市场，对其机构投资者套保持仓结构进行剖析，总结其多空结构特征和规律，并与我国股指期货市场相关情况进行对照，努力探究根源，说明情况。

一、美国股指期货市场套保持仓结构特征

股指期货最早于1982年诞生于美国。经过31年的发展，目前，美国市场成为全球规模最大、交易最活跃、运行最成熟的股指期货市场，吸引了境内外各类投资者参与交易，成为全球典范。其中，1988年上市的E－mini－S&P500指数期货是全球交易量最大的股指期货品种，2012年交易量达到4.368亿手，是沪深300指数期货同期的4.16倍，占2012年全球股指期货交易量的19.06%。

（一）美国股指期货套保持仓多空大体均衡，但空头略大

2013年美国商品期货交易委员会（CFTC）公布的COT报告

（Commitments of Traders Reports）数据显示，2013 全年，纳入统计、具有完整数据的 12 种美国股指期货品种的多头及空头套保持仓占比均值分别为 61.5% 和 75.5%，空头占比大于多头，套保持仓体现为净空头，占比为 14.0%。其中，E－MINI MSCI EAFE 、DJIA Consolidated、E－MINI NASDAQ－100 指数期货净空头状态显著，占比均值分别为 26.1%、26.5% 和 27.9%；E－MINI S&P500 与 E－MINI 罗素 2000 指数期货多空套保持仓较为均衡，净空头占比均值为 5.9%、5.7%；仅有日经指数期货（日元标价）多空套保净持仓为多头，占比均值为 15.9%。

进一步来看，以 CFTC 发布的 2013 年 12 月 31 日的统计数据为例，上述 12 种股指期货品种平均多空套保持仓占比分别为 62.8% 和 73.6%，净空头占比为 10.8%。其中，11 只股指期货产品套保净持仓为空头，即空头套保持仓大于多头套保持仓，只有日经指数期货（日元标价）套保净持仓为多头；E－MINI NASDAQ－100 指数期货、S&P500 股票指数期货、E－MINI MSCI EAFE 指数期货和 E－MINI MSCI 新兴市场指数期货都呈现出显著的净空头套保持仓，占比分别达到 26.7%、25.5%、24.4% 和 20.1%；Emini－S&P500 指数期货多空套保持仓相对均衡，净空头套保持仓占比为 3.6%。

从以上数据可以看出，美国股指期货套保多空持仓结构特点相对稳定：一是多空持仓相对均衡，二者有所差别，但差别不大；二是净空头略大，大部分产品净空头持仓占比处于 5%～15% 区间之内，均值约为 10.7%；三是持仓占比较高，多空套保占比均值在 60% 以上，显示出股指期货的避险功能为广大投资者所充分利用。

美国主要股指期货品种套保持仓结构见表 1。

表1　美国主要股指期货品种套保持仓结构

交易所	产品	套保持仓占比（%）		
		多头	空头	净持仓
	S&P500 Consolidated 指数期货	66.7	74.9	-8.2
CME	S&P500 股票指数期货	54.2	79.7	-25.5
	E-MINI S&P500 指数期货	69.9	73.6	-3.7
	E-MINI S&P400 指数期货	76.2	92.9	-16.7
	E-MINI NASDAQ-100 指数期货	65.6	92.2	-26.2
	日经指数期货	52.6	64.0	-11.4
	日经指数期货（日元标价）	49.2	18.5	30.7
CBOT	DOW JONES INDUSTRIAL AVG-x $5	60.4	69.4	-9.0
	DJIA Consolidated 指数期货	60.4	69.4	-9.0
ICE	E-MINI 罗素 2000 指数期货	75.9	81.0	-5.1
NYSE LIFFE	E-MINI MSCI EAFE 指数期货	61.8	86.2	-24.4
	E-MINI MSCI 新兴市场指数期货	61.4	81.6	-20.2
平均	——	62.8	73.6	-10.8

数据来源：CFTC，时间为2013年12月31日。

注：VIX指数期货未纳入统计，NASDAQ-100 STOCK INDEX与DOW JONES INDUSTRIAL AVERAGE因数据不完整，也未纳入统计。

（二）交易商中介、资产管理机构、对冲基金套保持仓三足鼎立，其中交易商中介以空头套保为主

根据CFTC的COT报告，可以进一步详细分析交易商中介、资产管理机构、对冲基金等主要机构的套保持仓情况。E-mini-S&P500指数期货是美国最为活跃的期指产品，具有较好的代表性，我们以其为对象，分析了不同业务类型机构的套保持仓数据。统计数据显示，2013年全年，机构套保持仓达到了全部套保持仓的90.8%，其中机构多头套保和空头套保持仓占比为89.6%和92.0%。具体来看，交易商中介多空套保持仓占比均值分别为

8.7%与29.8%；资产管理机构多空套保持仓占比均值分别为52.5%与24.3%；对冲基金多空套保持仓占比均值分别为21.4%与31.4%。

以CFTC发布的2013年12月31日统计数据为例，机构套保持仓达到了全部套保持仓的91.3%，机构多头套保和空头套保持仓占比为91.5%和91.0%。其中，机构空头套保持仓中，对冲基金、资产管理机构和交易商中介三分天下，分别占到31.1%、19.9%和31.1%，各类主要机构都较为广泛地进行卖空期货操作。机构多头套保持仓分布相对集中，资产管理一类机构占比达到52.8%，对冲基金贡献了21.7%，交易商占比仅为9.0%。

可见，不同机构因业务性质、模式不同，而对股指期货产生不同的交易需求，进而形成不同的持仓结构特点，这是市场选择的客观结果。具体来看，一是美国的交易商中介综合开展投资和客户经纪业务，倾向于以持有大量现货资产为基础，为规避股市下行风险，进行卖出套保交易。二是资产管理机构以持有头寸，承担风险，提供相应回报为基本特征，因此是最主要的多头持仓机构，利用股指期货进行资产配置、投资替代和综合风险管理。CME的产品专家约翰·W. 拉布兹韦斯奇（John W. Labuszewski）指出，美国股指期货市场上做多策略主要就是可转移阿尔法策略及130/30等产品。这些都是追求相对收益的资产管理机构的执行策略。三是对冲基金也是善于使用多空两种手段的机构，但也具有资产管理业务性质，因而总体倾向于做空，但净空比例要远小于交易商中介。四是E-mini-S&P500指数期货机构投资者多头套保持仓占比达到89.6%、空头套保持仓占比达到92.0%，多空套保持仓占比较高，这从侧面反映出其运行的成熟和功能发挥的充分。

美国E-mini-S&P500指数期货各类投资者持仓结构见表2。

表2　　美国 E－mini－S&P500 指数期货各类投资者持仓结构

单位：%

交易方向	达到报告标准的投资者					未达到报告标准的投资者
	交易商和中介机构	资产管理机构	对冲基金	其他交易者	合计	
多头持仓	9.0	52.8	21.7	8.0	91.5	8.5
空头持仓	31.1	19.9	31.1	8.9	91.0	9.0

数据来源：根据 CFTC 有关数据计算整理，时间为 2013 年 12 月 31 日。

（三）个别品种套保持仓持续净多头，凸显机构差异需求

分析中所列举的 12 个美国主要股指期货品种中，11 个都是空头套保持仓大于多头套保持仓，只有日经指数期货（日元标价）年内一直呈现净多头套保持仓的情况，平均来看年内多头套保持仓占比为 45.0%，而空头套保持仓占比仅 29.0%，多空套保持仓为净多头，占全部持仓的 16.0%。回溯到 2012 年，结果也大体如此，当年 CFTC 公布的 53 组数据中，41 组为净多头，12 组为净空头，年内 77.35% 的时间为净多头持仓，年内套保持仓为净多头，净多头占比均值为 16.68%（持续呈现净多头套保持仓的品种见表 3）。其原因在于，投资者对不同产品有着不同使用目的。美国投资者以持有美国股票为主，因而通常使用美国本土的股指期货产品对冲持股风险，呈现净空头套保特征。但是，美国投资者持有日本股票相对较少，因而在使用 CME 日经指数期货（日元标价）方面，并非以卖出期货对冲所持日本股票风险为主，更多是发挥指数期货低成本的指数复制功能，通过正向持有日经指数期货（日元标价），分享日本股市成长，进行全球资产配置。这就说明，股指期货套保持仓多空结构取决于产品本身的属性，投资者的使用目的，并无一致定论。

表 3　持续呈现净多头套保持仓的品种

单位:%

交易所	相关产品	套保持仓占比		
		多头	空头	净持仓
芝加哥商品交易所（CME）	日经指数期货（日元标价）	49.2	18.5	30.7

数据来源：CFTC，时间为 2013 年 12 月 31 日。

二、我国沪深 300 股指期货套保持仓特征

沪深 300 股指期货上市以来，运行平稳，流动性好，风险管理功能明显得到发挥，机构客户有序入市。截至 2013 年 11 月 15 日，股指期货市场共有机构客户 190 家，机构产品账户 1 359 个，开设交易编码 1 848 个，具体包括证券公司 77 家，合格境外机构投资者（QFII）机构 15 家，基金公司 65 家，信托公司 7 家，保险公司 2 家，期货公司 24 家，基本除银行外，各类机构客户均已入市。机构客户日均成交 1.2 万手，占全市场总成交量的 1.4%；日均持仓 3.5 万手，全市场持仓占比 27.6%。从交易方式上看，机构客户参与股指期货市场较为全面，套保、套利、投机各类交易均有参加，但以套保为主。

（一）证券公司以空头套保为主，与美国交易商行动方向一致

截至 2013 年 11 月 15 日，境内参与套保的证券公司达 73 家，与美国“交易商中介”机构倾向做空一致，我国证券公司也是以做空套保为主。与美国交易商中介 9.0% 的多头套保持仓占比和 31.1% 的空头套保持仓占比相较，证券公司空头套保持仓占比与之较为接近、多头套保持仓占比略有不及，但套保净持仓方向并没有差别。

（二）沪深300股指期货套保主体过于单一，持仓以空头为主

沪深300股指期货自上市以来，多空套保持仓规模均显示出增长态势，其中空头套保规模增速较快，多头套保规模增长相对缓慢。这是因为尽管我国套保参与者涵盖了自然人、一般法人、证券公司、基金公司、信托公司等各类投资者，但主要参与者就是证券公司，套保主体单一。证券公司日均成交4 924.13手、日均持仓28 063.45万手，分别占套保成交及持仓的85.92%和89.96%，分别占市场成交的0.57%及市场持仓的21.89%，其中又以空头套保为主，这使得市场空头套保持仓总体相对较多。

（三）资产管理类机构参与乏力，限制多头持仓增长

股指期货是一个低成本、高效率的指数复制工具，投资者可借助其通过对冲等方式有效管理风险。在美国，大量资产管理机构持有期货多头，进行投资替代，将股指期货大量设计和应用于理财产品结构之中。资产管理机构是多头套保的主力军，持仓占比超过50%。在我国，尽管机构账户类型较为丰富——机构产品账户包括证券自营72个，证券资管产品304个，QFII客户16个，基金产品540个，信托计划128个，保险产品9个，期货资管产品290个——但证券自营规模较大，资产管理机构参与不足，对市场多头套保持仓影响有限。

促使资产管理机构未能充分参与股指期货多头套保交易的原因很多：一是目前部分资产管理机构前期发的理财产品，其合同未将股指期货纳入投资标的。此类机构想要参与股指期货，必须召开持有人大会来修改合同。考虑到难度和成本，修改合同的可能性很小，机构基本只有等到新发产品时，在合同里将股指期货纳入投资标的才会参与。二是公募基金类的资产管理机构受到“10%”限制，即买入股指期货合约价值不得超过基金资产净值的10%，这意

味着公募基金只能利用股指期货多头套保功能进行部分现货替代，大大限制了机构的积极性。三是部分机构交易，如基金专户、证券及期货资管等，选择投机账户但实际从事套保交易，客观上也降低了多头套保持仓量。四是部分资产管理机构对套保认识不足，习惯于空头套保以规避下行风险的思维，而对多头套保功能重视不够。五是相较证券公司，资产管理类机构人才储备与产品研发不足。国内证券公司较早就积极组建股指期货研发团队，培养相关领域人才，而资产管理机构在这方面起步较晚，人才的匮乏成为其参与多头套保业务的瓶颈。

（四）中金所套保制度全面容纳、支持甚至鼓励多头持仓，积极促进多空结构全面均衡发展

从商品期货到金融期货，从传统的套保方式到现代金融的多样化交易策略，套保涵义和认定标准也在逐步发展。随着金融期货的上市，套期保值在传统的“善意套保”基础上，进一步拓展增加了“风险管理头寸”内容。1987 年 9 月，CFTC 发布了《金融期货套期保值条款扩展指引》，明确规定使用金融期货进行风险管理，可以申请和获得投机持仓限额豁免。

目前，中金所套保制度完全涵盖、积极支持多头套保交易。一是当前认定的套保交易策略类型涵盖投资替代、风险对冲、风险管理，以及交易所认可的其他风险管理需求。其中，“投资替代”需求包括基金产品面对客户申购建仓，有明确配置策略的产品持有期货以替代现货持仓等；“风险对冲需求”包括客户持有现货时通过期货对冲市场风险，融券对冲需求，市场中性策略等；“风险管理需求”包括多空份额产品的风险管理需求，杠杆 ETF 风险管理需求，期权复制策略等。就目前情况来看，上述政策内容已经能够充分满足客户各类套保交易需求。二是在申报流程上，已提高套保申请的便利程度和加快审批速度，简化同一投资者多项套保业务的申

请过程，实行灵活的申请程序。三是在兼顾风险防范与市场效率的同时，加强对套保已发放额度的持续、动态管理与跟踪服务，重点关注会员、客户的套保交易、额度使用等情况，并根据相关情况定期调整其可使用的套保额度，加强套保动态管理。

三、中美股指期货套保多空持仓对比研究总结

以上数据分析表明，美国主要股指期货产品套保持仓多空均衡的背后是多样化的机构投资者群体，及其对股指期货产品功能的深刻认识和充分运用。反观我国股指期货市场，参与套保交易的机构投资者类型单一，且对股指期货产品功能运用也局限在卖出套保的层面上，买入套保等功能运用不足，总体上反映出市场的成熟完善，投资者对产品的深刻认识还需要一个过程。

第一，在美国成熟的股指期货市场，套保持仓多空力量较均衡，但机构投资者卖出套保量还是要持续稳定地高于买入套保量，市场呈现出净空头套保持仓。这说明了两点：一是股指期货是一种低成本、高效率的指数复制工具，反向持有可以对冲避险、实现保值，正向持有可以配置资产、替代现货，因而有机构进行卖出套保，也有机构进行买入套保，多空力量较为均衡。二是美国成熟的股指期货市场上套保持仓仍是持续净空头，充分说明股指期货的主要功能，即正向持仓的有关功能尚属于“锦上添花”，反向持仓的避险功能则是“独一无二”，投资者实际上普遍持有现货资产，因而客观产生更为强烈和明显的规避股指下行风险的需求，从而使得股指期货更容易体现为风险对冲工具。

第二，我国证券公司与美国交易商中介业务相近，类型大体一致，二者的股指期货多空持仓结构也比较接近。这说明：首先，我国证券公司准备充分、介入较深，在股指期货上市初期就积极参与交易，通过长期的交易积累，其股指期货业务类型和交易模式已较为成熟。目前，参与股指期货业务的证券公司达到 77 家，其中参与

套保业务的73家，行业内大部分证券公司，尤其是规模较大的证券公司都已经参与。其次，证券公司（美国的交易商中介）参与股指期货市场的首要目的都是对冲现货风险，因此套保持仓以空头居多。这是市场客观条件及其套期保值为主的交易模式决定的，是保持资产价值稳定、防范股市下跌风险的保护措施，不存在恶意做空的问题，更不是股市下跌的原因。

第三，尽管交易所套保政策全面支持多空各类策略，但受限于其他种种因素，我国资产管理机构参与股指期货乏力，从而限制了多头套保持仓的增长。在美国，此类机构是开展多头套保业务的主力，其在市场上进行大量的买入套保，对多空套保持仓平衡发挥了重要作用。在我国证券公司参与已经相对比较充分的情况下，进一步拓展股指期货持仓规模、促进市场功能发挥，需要重点吸引和满足资产管理类机构参与。

市场不会自动存在。一个期货产品要获得成功，科学严谨的产品设计是前提，充分到位的宣传教育培训非常重要，交易所要勤“吆喝”，要“大声说、主动说、反复说”。股指期货上市仅三年半，成长、成熟的道路还很漫长。中金所将下大力气加强业务宣传教育，重点做好套保业务的宣传讲解工作，努力与各方一道不断加深对产品、业务及风险的认识和掌握，同时也将积极配合相关监管部门根据当前市场运行及机构参与情况，在条件成熟时有区别、有针对地调整机构参与政策，完善机构参与环境。值得欣慰的是，目前已有一些机构开始积极探索多头套保交易。相信随着更多各类投资者在相关政策的规范和引导下有序入市，机构投资者群体将更加多元化、更加均衡，我国股指期货市场的功能发挥将更加全面、更加充分。

正确看待股指期货市场的多空持仓

刘文财　刘　宇

文章导读

首先，从整体看，股指期货多头持仓和空头持仓必然相等，这是因为合约要达成交易，买卖双方缺一不可。任何一笔交易完成时，多空持仓都会出现相同数量、相同方向的变化，开仓交易会使多空持仓同量增加，平仓交易则会使多空持仓同量减少。

其次，股指期货多空持仓量无法预测股市走势。通过严谨的数理统计发现，多空持仓量变化与隔日现货指数收益率和第三日现货指数收益率没有因果性和相关性。

最后，股指期货空头持仓不代表看空市场。理性分析来看，持有大量股票现货的套期保值者需要在股指期货市场上建立空头持仓，锁定风险，但这种空头持仓可能恰恰是对股票市场长期看好的表现。

本文原载于2014年1月28日《期货日报》4版。

作者分别为：中国金融期货交易所北京金融衍生品研究院院长；中国金融期货交易所研发部员工。

期货日报 | 高端视界

正确看待股指期货市场的多空持仓

多空持仓机制成为股指期货市场顺利发挥各项功能的基础和载体

一定要和少数人站在一起

完整意义上的现代股票市场包括了三个层次，分别是股票一级发行市场、二级交易市场和三级风险管理市场。其中，三级风险管理市场主要是指股指期货、期权市场。1982 年美国堪萨斯交易所推出价值线指数期货合约以来，全球已有超过 400 个股指期货品种，在促进各国资本市场发展，提升金融服务实体经济能力方面发挥了重要作用。2010 年 4 月 16 日，沪深 300 股指期货的上市填补了我国股票风险管理市场的空白，是我国资本市场建设的一次重大突破。

作为风险管理市场，股指期货市场与股票现货市场在交易机制、交易对象等很多方面都存在不同，多空持仓就是股指期货市场区别于现货市场的一个重要表现，正确看待股指期货市场的多空持仓有助于我们更加准确地理解股指期货市场的运行机制和功能特点。

一、什么是“多空持仓”和“空头持仓量大增”？

股票现货市场交易对象是上市公司股票，一笔交易完成后，股票从卖方账户划转至买方账户，对于买方来说，持仓会增加，对于卖方来说，持仓会减少，包括融资融券在内的各类交易行为对市场持仓量的影响为零，股票现货市场持仓总量始终与股票流通总量相等，也不存在空头持仓的概念。

在股指期货市场上，买卖对象是一种标准化合约，除了合约执行价格随行就市外，其他条款保持固定，交易实质是基于标准化合约之上的权利义务，而不是证明财产归属的有价证券。股指期货市场的持仓就是指尚未进行对冲了结的合约头寸，如果是合约买方，就是多头持仓，如果是合约卖方，就是空头持仓。由于期货合约没有发行量的限制，只要市场参与者能够达成新的交易，理论上股指期货持仓量可以无限放大。

从股指期货市场整体看，多头、空头持仓必然相等，这是因为合约要达成交易的话，买卖双方缺一不可，因此，股指期货市场上任何一笔交易完成时，多空持仓都会出现相同数量、相同方向的变化，开仓交易会使多空持仓同量增加，平仓交易则会使多空持仓同量减少，不可能发生多空持仓总量不等的情况。

既然全市场多头持仓和空头持仓必然相等，那么我们经常听到的空头持仓大增，或者净空头持仓增加又是怎么事呢？原来，这是把部分持仓量居前的会员（通常是前 20 大席位）的多空持仓量单独列出来进行比较的结果。例如，2013 年 11 月 15 日收盘后，沪深 300 股指期货主力合约持仓量 88 962 手，这意味着主力合约多头持仓和空头持仓都是 88 962 手，而多头持仓居前的 20 大会员共计持有 62 834 手多仓，空头持仓居前的 20 大会员共计持有 72 374 手空仓，这样就可以计算出当日主力合约净空头持仓是 9 540 手。多空持仓结构变化主要就体现在净空头持仓的变化上。

二、多空持仓并不具备预测股票市场走势的特殊能力

在我国期货市场发展早期，由于市场规模较小，商品期、现货市场间存在一定程度割裂，制度和监管尚在摸索等多种原因，有时会出现主力依靠资金实力影响市场走势的现象，也就是我们通常说的“做庄”，甚至会出现“逼空”“逼多”行情。在这种情况下，

多空持仓作为主力资金意图的表现，对投资者判断市场走势具备一定的参考意义。但是，随着期货市场规模的迅速扩大，期货市场相关制度、监管及执法的到位，商品期货市场上也很难再看到传统的庄家主力了。

对于股票市场来说，现货市场参与群体广泛，信息传播迅速，云集了各类大型机构，是发现和决定股票价格的主战场，股指期货价格不具有独立性，再加上股指期货市场严格的准入和监管，从一开始就没有给庄家主力生存的土壤空间。我们都知道，只有不断进行交易，持续对价格施加影响，庄家主力才有可能影响市场走势，而截至 2013 年 11 月 15 日，股指期货市场所有 190 家机构客户的 1 848个交易编码日均成交量之和仅 1.2 万手，只占市场日均交易量的 1.4%，不足以对价格产生任何实质性影响，这说明股指期货市场是一个接近完全竞争的市场，并不存在所谓的主力。股指期货市场多空持仓并不是主力之间的主动博弈工具，而是与现货市场成交量、股价波动等指标一样，是市场参与者集体交易行为的结果，不会比 RSI、KDJ、MACD 及均线系统等其他一些常见的技术分析指标具有更强大的信息揭示和预测能力。

从统计学的实证检验角度，验证这一点并不复杂，只需对几个重要的变量进行格兰杰因果检验和相关性分析即可。格兰杰因果检验和相关性分析都是常用的统计检验方法，在医学、生物科学、物理学和经济社会科学中被广泛使用。我们运用这一方法对沪深 300 股指期货多空持仓变化与股票现货市场实际走势进行了检验。其中，与市场习惯一致，分别采用了前 20 大席位多空仓位比值及前 20 大席位净空头持仓波动率来表示沪深 300 股指期货的多空持仓变化，并把两变量与反映沪深 300 股票现货指数走势情况的指数当日收益率、隔日收益率及第三日收益率进行了相关性检验和格兰杰因果检验。

统计检验发现，当日多空持仓量变化与当日现货指数收益率是统计意义上的可替代变量，多空持仓不具备特殊的信息揭示能力。更重要的是，统计检验发现当日多空持仓与隔日现货指数收益率和第三日现货指数收益率之间没有因果关系，也不存在显著的相关性。

总持仓量变化与当日收益的走势见图1，与下一日收益率的走势见图2。

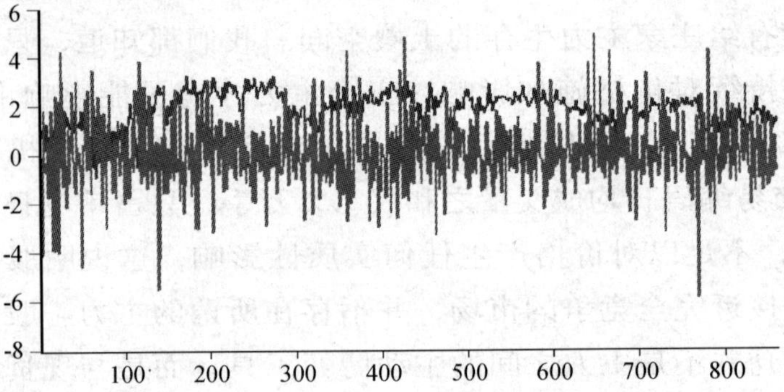

图1　总持仓量变化与当日收益率的走势

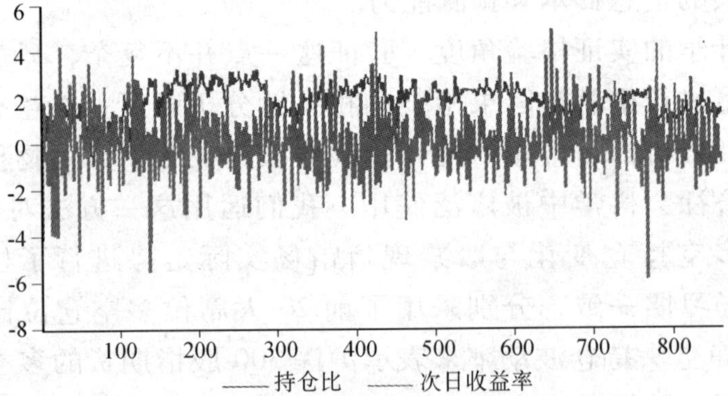

图2　总持仓量变化与下一日收益率的走势

这样的实证结论说明了什么？一是表明，股指期货市场与现货市场走势高度关联，股指期货没有脱离现货市场走出独立行情，期、现货市场都是对同样的外部信息做出反映，相互印证，共同发现真实的市场价格，这为股指期货市场发挥风险管理功能奠定了良好基础；二是表明，股指期货多空持仓与现货市场涨跌幅是一个硬币的两面，用股指期货多空持仓量变化来预测后市，其实就等于认为“当日市场跌，则次日市场继续跌；当日市场涨，则次日市场继续涨”。

事实上，股指期货多空持仓量变化与隔日现货指数收益率和第三日现货指数收益率没有因果性和相关性的实证结论很符合有效金融市场随机游走的理论，也印证了很多研究文献所得出的中国股票市场弱势有效的观点，更是直接表明用股指期货多空持仓量来预测后市的做法意义不大。如果多空持仓具有一定预测能力的话，实证检验就会发现，代表多空持仓变化的变量与隔日现货市场收益率具有相关性，且在统计意义上是隔日市场收益率的原因。

进一步讲，如果分别以股指期货净空头持仓量绝对波幅超过20%、30%、40%、50%为阀值，观察多空持仓与第二天股票市场走势的关系，会发现，预测下跌行情准确的天数分别占比51.47%、50%、47.62%、48.84%；预测上涨行情准确的天数分别是46.49%、38.33%、42.86%、33.33%。总体上，依靠多空持仓量预测后市的准确率还不到50%。

在投资实践上，以多空持仓为依据进行投资也难以获得理想收益，假如在净空头持仓量降幅达到一定水平，发出买进信号时，即在第二天以开盘价进场；在净空头持仓量增幅达到一定水平，发出卖出信号时，即在第二天以开盘价离场。经过实际测算，如果投资者严格按照上述策略，分别以净空头持仓变化30%、40%、50%三个阀值为买卖依据的话，自2010年4月16日股指期货上市至2013年11月15日，累计收益率分别为－0.027%、－0.56%、－0.93%。如果投资者按照以下均线策略进行操作，即：5日均线上穿20日均线当天，以收盘点位买进沪深300指数基金，5日均线下穿20日均线当天，以收盘点位卖出沪深300指数基金，不考虑基金折价或溢价的话，自沪深300股指期货上市至2013年11月15日的三年多时间里，尽管股票市场走势低迷，仍然出现了25次可交易机会，投资者累计可以实现46.25%的收益，年化收益率达到了11.2%。

三、股指期货“空头持仓”并不一定代表看空市场

作为现代资本市场的重要一环，股指期货市场承担着风险管理、资产配置、促进创新等诸多功能，多空持仓机制是股指期货市场顺利发挥各项功能的基础和载体。无论是套保、套利，还是投机交易，都需要选择多空持仓头寸，在很多时候，选择空头持仓并非由于投资者看空股票市场。

对于持有大量股票现货的套期保值者，为了锁定风险，抵御短期市场波动，就需要在股指期货市场上建立空头持仓，甚至在合约到期时通过移仓来继续保持空头仓位，但这种空头持仓可能恰恰是对股票市场长期看好的表现，所以投资者才不愿在一时不利的行情下通过卖出股票来回避市场风险。对于套利交易者，他们捕捉的是市场摩擦带来的期现之间、不同期限合约之间的交易机会，会在期货、现货之间进行反向交易，或者在不同期限合约间进行双向开仓，他们的空头持仓与是否看空市场无关。对于投机交易者来说，他们关注的是市场极短时期内的走势，绝大多数为日内交易者，会随着市场波动频繁转换多空仓位，他们的空头持仓很多时候也并非源于看空，而是一种顺势投资行为。

实际上，空头持仓不仅不等于看空市场，很多情况下，空头持仓还会产生实质性的“托市”效果。空头持仓机制可以使持有大量股票的投资者在面对系统性风险时避免陷入“多杀多”的困局，大大降低了熊市和极端情况下股票现货市场的抛盘压力，甚至会鼓励投资者逆市抄底，显著增强股票市场的弹性。据统计，2008年金融

危机爆发至当年年底，22 个推出股指期货的市场平均跌幅为46.91%，而没有推出股指期货的市场平均跌幅达到63.15%，股指期货稳定市场的作用可见一斑。

更重要的是，股指期货空头持仓机制还是长期资金入市的关键所在，正是由于有了空头持仓这个“保险带”“安全阀”，各类长期资金才敢于入市并长线持有股票。截至2013 年第二季度末，美国401K 计划等各类长期资金持有的股票市值合计13.52 万亿美元，占美国股票市值的45.97%。这些长线资金的进场推动了美国资本市场成为全球最具活力的市场，也进一步巩固了美国在全球的金融老大地位。

我国的股指期货市场诞生仅三年多，对资本市场的积极作用正在逐渐显现，但总体上还是新生事物，在获得社会充分肯定的同时，也面临着一些怀疑之声，市场组织者需要理性探讨和反思，既要真诚回应市场关切，也要努力纠正对股指期货市场一些概念的误解。在这个基础上，各方应该努力形成共识：股指期货市场不是无关紧要的小众市场，随着中国经济金融改革不断推进，市场在资源配置中起决定性作用，风险管理需求必然大幅增加，包括股指期货市场在内的金融期货市场建设也将关乎我国发展大局。

常清：空头持仓不等于看空做空市场

毛万熙

文章导读

中国期货市场创始人之一、著名期货专家常清教授认为，透过现象看本质，股市是宏观经济的晴雨表。从国际上看，影响股市涨跌的主要原因是经济发展水平和利率水平。从国内看，股市表现低迷的根源在于实体经济和金融。空头持仓不等于看空和做空市场，很多情况下还会产生实质性的“稳定持股”和“托市”效果，是长期资金入市的关键所在。

本文原载于2014年1月28日《中国证券报》A10版。

常清为中国农业大学教授，中国农业大学期货与金融衍生品研究中心主任。

A10 产经新闻 Industries

建立符合市场导向的水价机制

常清：空头持仓不等于看空做空市场

近期，有观点将股市低迷的原因归罪于股指期货，认为机构利用股指期货做空套保是导致股市低迷的重要原因。《中国证券报》记者就此问题专访了中国期货市场创始人之一、著名期货专家常清教授。他表示，透过现象看本质，股市是宏观经济的晴雨表。从国际上看，影响股市涨跌的主要原因是经济发展水平和利率水平。从国内看，股市表现低迷的根源在于实体经济和金融。空头持仓不等于看空和做空市场，很多情况下还会产生实质性的“稳定持股”和“托市”效果，是长期资金入市的关键所在。

股市低迷源于经济金融

《中国证券报》：2013 年，我国国内生产总值（GDP）同比增长 7.7%，但上证指数却被人称为“熊冠全球”。A 股低迷原因到底是什么？

常清：事实上，只要厘清实体经济和金融的诸多因素，就能对股市的表现有一个清醒的认识。看似“股市与经济基本面背离”，但透过现象看本质，根源还在于实体经济和金融。

从经济周期因素看，股市是宏观经济的晴雨表，不仅反映当前经济增长，更反映未来走势和预期。中国 GDP 增速绝对值虽然维持高位，但调整减速态势非常明显，2007 年至 2012 年，GDP 增速分别是 14.2%、9.6%、9.2%、10.3%、9.2% 和 7.8%，2013 年前三季度 GDP 增速仅为 7.7%，远低于过去几十年 10.2% 的平均增速，总体进入下降通道。这是近年来股市下行的最根本原因。

比如，利率水平因素。实际利率水平决定企业资金成本，直接影响企业盈利能力。中国实际利率水平不断抬高，虽银行一年期基准利率为3%，但预期收益率为6%～8%的各类理财产品比比皆是，更不论收益高达10%的信托产品和15%的民间拆借，企业实际融资成本已远远超出合理范围。高企的实际利率水平增加了企业运营负担，大大削弱了盈利能力。

《中国证券报》：有人说，股指期货推出后，沪深300成分股一蹶不振。大盘权重股低迷不振是不是跟股指期货有关?

常清：沪深300指数是代表主流行业的蓝筹股指数。成分股中金融地产、工业和可选消费所占权重分别为41.11%、13.09%和9.61%，过度成熟行业、周期性行业所占比例较高，高成长企业所占比重很小。周期性行业不是“十二五”期间我国产业政策重点支持的行业，很难直接反映经济发展趋势，也无法享受我国经济转型带来的制度性红利。因此，在调结构的大背景下，沪深300指数表现差强人意也在情理之中。2010年初，沪深300指数无论总市值还是流通市值占A股全市场比重基本稳定在70%左右，而目前这一比重已经下降到不足65%。

真正具有增长潜力的新兴行业、高科技产业，多数是民营企业在创业板和中小板上市。从创业板、中小板的表现看，指数走势并不差。2010年至2013年底，创业板上涨30.44%，中小板下跌11.58%，表现都要远好于沪深300指数。可见，股市仍旧反映了经济基本面，中国股市持续低迷调整，恰恰体现了中国经济转型期间的阵痛。

说到底，股指期货与股市一样，都是宏观经济的晴雨表和温度计。二者之间具有相关性，但并非因果关系，都反映了实体经济和宏观金融等因素，股指期货不具备引领股市下跌的能力。但是，由于交易机制和交易标的差异，股指期货与股市对信息反映的速度有所不同，就像打雷和闪电一样，一先一后，有联系，但不是谁导致谁、谁决定谁的问题。

理性看待股指期货多空持仓

《中国证券报》： 有人说，A 股之所以低迷，与券商大力做空股指有直接关系。股指期货是否存在“多空失衡”现象？

常清： 对于股指期货的多空持仓，需要理性看待。期货多空始终是平衡的，有空必有多。股指期货市场上任何一笔交易完成时，多空持仓都会出现相同数量、相同方向的变化，不可能发生多空持仓总量不等的情况。但是，对某一类投资者来说，多空持仓可能不平衡，或者说有持多仓或持空仓的倾向。这是其类型、资产状况、交易偏好等条件决定的。

依据中金所公开数据，目前机构套保持仓确实以空头居多，这也是大家普遍观察到的现象。不过，某类机构多空套保持仓数据的表面悬殊不代表整个市场多空失衡。究其原因，一是机构业务性质决定。目前，在我国股指期货市场，证券自营的参与规模较大，资产管理机构的参与不足，对市场多头套保持仓影响有限，而券商又倾向于空头套保，因为他们持有大量股票，尤其是在股市调整过程中，券商倾向于卖出股指期货来对冲现货风险。这就造成机构套保持仓长期呈现净空头。二是期货价格水平有利于空头套保。散户固有的多头思维造成期货价格大部分情况下相对偏高。三是股市走势决定了套保持仓以空头为主。近年来，股市下跌，沪深 300 指数很多成分股又属于强经济周期行业股，受影响显著。证券公司等机构出于避险需求利用卖出期货进行套保。总之，不同机构会因业务性质、模式不同，而对股指期货产生不同的交易需求，进而形成不同的持仓结构特点，这是市场选择的客观结果。境外一些成熟市场的股指期货套保持仓也呈现净空头。例如，即便是在美国，即便是在过去 4 年上涨阶段，美国交易商也是空头套保远大于多头。可见，券商倾向于卖空套保，这是正常的，中国、美国都一样。

《中国证券报》：那么券商持有这些空头套保持仓，会不会对市场产生助跌、领跌的影响？

常清：说实在的，如果没有股指期货套期保值，恐怕现在市场的点位更低。很多时候，选择空头持仓并非由于投资者看空股市。套保不能只看期货市场的持仓，而是应该“两头看”。比如，证券公司持有股指期货空头，但现货持有多头更多，总体仍是净多头。相反，如果没有股指期货，证券公司就不会持有这么多的股票现货，股市下跌压力更大，目前点位可能更低。

近4年来，套保持仓变化是股市波动的结果而非原因，即是股市波动加大引起套保持仓增加，而不是套保持仓增加导致股市波动加剧。投资者是因为市场波动而更多参与期货市场进行保值避险，并非因为套保行为增加而导致股市下跌。

不存在故意打压砸盘

《中国证券报》：有些市场人士认为，股指期货市场存在故意砸盘的现象，有人怀疑机构会在“到期日”集体做空。如何看待这个问题？

常清：“阴谋论”通常都很受欢迎，但看问题要客观、全面。

过去三年半来，期货价格总体高于现货指数，即以升水为主，升水交易日比例在68%左右。事实表明，偏高的期货价格并没有受到“恶意打压”，或者说调整还应该再多一些，以便让价格更加合理。

另外，股指期货“高开、高收”特征明显，在股市下跌通道中提供“开盘上引”和“收盘上拉”的暗示力量。据统计，三年半来，沪深300股指期货开盘及收盘高于标的现货指数的交易日比例分别达到76.01%和67.93%，大部分为升水日。这至少说明期货价格相对乐观，不但没有带动现货指数下跌，反而印证了期货对现货走势状况的“无能为力”。

至于“到期日效应”，那也是市场牵强附会的说法，并不符合实际。根据我们统计，股指期货上市以来的45个交割日中，股票指数上涨25次，下跌20次，上涨次数占比56.82%，平均上涨1.04%，下跌次数占比44.44%，平均下跌1.10%。交割结算日现货价格有涨有跌，不存在逢交割日必跌的现象。

沪深300股指期货目前采用现货指数最后两小时每5秒钟取样的算术平均价作为交割结算价，试图操纵交割结算价的成本巨大。至少从截至目前的股指期货表现来看，还没有哪个机构挑战成功这样的“高难度”。

期货套保管理制度的合理性

刘仲元

文章导读

中金所实施的“限仓”“大户报告”及“持仓头寸豁免”制度使得期货为现货市场服务的同时，又能有效防范系统性风险，对市场的稳健运行起到了不可或缺的作用。

本文原载于2013年8月9日《中国证券报》A4版，出版时有所更新及改动。

作者为：长江期货首席经济学家。

一、三位一体的限仓、大户报告及持仓头寸豁免制度

期货交易是现货市场的延伸，是一个高风险市场。实现为现货市场服务的同时又能有效防范系统性风险是期货市场的组织者或监管者的最高原则。期货交易所普遍实施的限仓、大户报告及持仓头寸豁免制度就是这种原则的体现。

（一）限仓制度

限仓主要是针对投机而言的。限仓的目的：一是为了防范少数投机者凭借大比例持仓的优势，操纵价格或操纵市场；二是防止持仓过度集中于少数投资者，在价格出现不利变动时可能引发巨额损失风险。鉴于历史上重大期货风险的发生都与投机者过多的持仓相关，绝大多数期货交易所均对投机账户的持仓上限进行了明确的规定。交易所根据品种和市场的实际情况规定限仓数量，也会根据情况的变化而调整。比如，中国金融期货交易所（中金所）在2013年3月12日起将最大持仓额由原来的300手调整为600手。芝加哥商品交易所（CME）对标准普尔500（S&P500）期指的规定与中国香港对恒指期货最大持仓额的规定分别是2万张和1万张。需注意的是，两者都是包括所有月份合约，还包括了对应的期权合约和迷你期货合约，因为持有对应的指数期权合约与持有期货合约有相同的作用。

限仓具有强制性，一旦违反，将遭到处罚。

限仓是针对投机账户而言的，但客户在限额内怎么做是交易者的自由。做空做多都可以，套期保值可以，套利也可以，自认为是资产配置也可以，即使再造出众多的名目给持仓命名都可以。可见，交易所对交易账户实施分类管理时，“投机账户”只是一个名称——即使在额度内只做套保决不投机。可见，对“投机账户”管理的实质是限仓。

（二）大户报告制度

大户报告制度与限仓制度是有关联的。大户报告制度是指账户持仓达到一定水平时必须向交易所进行报告，报告水平的制定或报告的方式各交易所有所不同，但原则都是低于限仓额度的，比如：香港交易所对恒指期货的持仓限额是 1 万手，但恒指期货、恒指期权任何一个合约达到 500 手（迷你型的恒指期货、恒指期权按基准调整则为 2 500 手）就需报告，哪怕你的持仓总额没有超过 1 万手。CME 对 S&P500 期指的规定是任何一个相关合约按基准达到 100 手时即需报告。

报告水平低于持仓限额的目的是交易所可以提前关注大户的持仓动向和意图，而不是到了持仓限额临界点才去了解，属于未雨绸缪的动作。同样，大户持仓报告标准并不是固定不变的，交易所可以根据市场风险状况进行调整。

在大户监控方面，国内交易所比国外交易所具有更大的优势，因为国外的交易所通常只对会员账户进行统一结算，由会员对交易者进行结算，因而交易所对交易者的交易账户是不了解的，大户报告制度实际上是对这一漏洞的弥补。国内交易所实行一户一码的编码制度，交易所对每个交易账户的情况都清楚。因此，大户报告制度采用了需要时通知客户填报的方式。应该说，其效率比国外交易所更高。

（三）持仓头寸的豁免

显然，按照限仓制度，受到约束的只是超大户。比如，中金所目前的限仓额为 600 手，对一个只有 5 000 万元的账户而言，丝毫不起约束作用，因为即使满仓也到不了 600 手。

如果对全部账户都一律进行限仓，带来的弊端也是明显的，因为市场上还有另一类不以单边投机为主的超大户。比如，与期货品种有关的现货商，主要是利用期货进行避险操作；还有进行套利交易的超大户，他们在期现之间、期货之间、期货和期权之间套利，尽管持仓头寸庞大，但实际风险远低于单边投机。

为避免伤害这些客户的正当交易行为，全世界的交易所基本上都对特殊客户的特定交易策略（套保、套利）推出了持仓头寸豁免制度。

既然是豁免，自然要有豁免的理由，并且对如何申请、审核、批准、检查等内容作出相应的规定。中金所的套期保值与套利交易管理办法就是相应的管理制度。有人责疑：套期保值在地球上任何一个国家都是一种市场行为，为什么偏偏在我们国家成为一种制度？套期保值的确是交易者的一种市场行为，但针对一种需要给予头寸豁免的交易行为制定相应的管理制度十分必要，犹如开汽车是一种行为，但对开车制定相应的交通管理制度有何不妥？

香港交易所对期货做市商，证券发行人为对冲承销的证券风险而进行的超仓行为予以豁免。此外，香港证监会有权批准特殊情况下的超仓行为，只要满足如下条件：

第一，超仓人能够向香港证监会证明有充分的超仓特殊情况存在；第二，香港证监会在考虑持仓上限规定及其实际流通量后，确信该超仓行为不会损害投资大众利益等。

由于香港交易所还有期权和做市商，相应的管理制度较为复杂，有兴趣的话只要上交易所的网就能查到。

在美国，商品期货交易委员会（CFTC）规定，对于符合规定的真实意图套保持仓、风险管理持仓和套利持仓，经投资者提出申请、市场监管部审批通过后，可以豁免持仓限制。

真实意图套保持仓是指符合 CFTC 规章 1.3（z）（1）定义的持仓；风险管理持仓是指持有符合要求的基础现货、相关现货、相关场外交易市场（OTC 市场）头寸的投资者在期货、期权市场的持仓；套利持仓是指套利、跨商品价差、同种商品价差和符合要求的期权间或期权与期货的套利持仓。

由于美国有很多交易所和很多相关品种，比如，在股票指数方面，至少有十多个指数推出了期货和对应的期权（分布在不同的交易所），相应的规定之多之细之复杂，被豁免者需要申报的表格之多，远不是我们现在的简单情况可比的。没有这些管理制度，岂不乱套。

二、稳步推出，风险可控，逐步完善的发展路径是成功的

在股指期货上市之前的准备工作中，鉴于这是国内第一个金融衍生品（之前的国债期货因一系列原因被暂停），再加上当时市场中对股指期货不理解或担忧的声音较多，中金所和监管层在合约设计、交易管理制度及监管制度的设计中表现出了加倍的谨慎。中金所在2006年就成立了，但直至2010年才交易，其中一个重要原因就是坚持“宁肯慢，不能坏”的原则。在合约设计、交易管理制度及监管制度的设计中，中金所反复研究和认证了国内外成熟市场的经验教训，在遇到多种可选项时，始终坚持“稳步推出，风险可控，逐步完善”的原则进行抉择。三年多来，股指期货在平稳运作的基础上规模逐步扩大，也证明了这一原则是正确的。比如，在持仓限额上，一开始设定每个账户只能持有100手，2012年5月31日将限额提升至300手，2013年3月12日起又提升至600手。又如，在证券公司的自营方面，最初的规定是“证券公司证券自营业务不以套期保值为目的参与股指期货交易的，应当经中国证监会批准，有关规定另行制定”，即只能进行套期保值交易，不能投机。

2011年6月1日起施行的《关于证券公司证券自营业务投资范围及有关事项的规定》中提及“证券公司因包销而买卖证券，或者为对冲风险参与金融衍生产品交易的，不受前款规定的限制”。第四条规定为“证券公司可以设立子公司，从事证券公司证券自营投资品种清单所列品种以外的金融产品等投资”，开始有限松绑。

2012年11月16日，中国证监会对《关于证券公司证券自营业务投资范围及有关事项的规定》修改后重新发布，规定“具备证券自营业务资格的证券公司可以从事金融衍生产品交易”，“不具备证券自营业务资格的证券公司只能以对冲风险为目的，从事金融衍生产品交易”。这意味着证券公司的自营业务也可以进行投机了。但是，从松绑之后的实践看，证券公司在自营业务中利用股指期货仍旧是自觉地以对冲风险为主。

（一）如何看待证券投资基金的相关政策

证券投资基金利用股指期货的监管政策迄今为止并没有松绑，2010年4月21日发布的《证券投资基金参与股指期货交易指引》（以下简称《指引》）仍旧有效。《指引》的一些重要规定如下：

股票型基金、混合型基金及保本基金可以按照本《指引》参与股指期货交易，债券型基金、货币市场基金不得参与股指期货交易。

基金在任何交易日日终，持有的买入股指期货合约价值不得超过基金资产净值的10%。

开放式基金在任何交易日日终，持有的买入期货合约价值与有价证券市值之和不得超过基金资产净值的95%。

封闭式基金、开放式指数基金（不含增强型）、交易型开放式指数基金（ETF）在任何交易日日终，持有的买入期货合约价值与有价证券市值之和不得超过基金资产净值的100%。

基金在任何交易日日终，持有的卖出期货合约价值不得超过基金持有的股票总市值的20%。

基金所持有的股票市值和买入、卖出股指期货合约价值，合计（轧差计算）应当符合基金合同关于股票投资比例的有关约定。

初看上去，该规定似乎偏向股指期货做空，因为多头是10%，空头可以20%，因此被一些人指责为不公平。但是，疑问的产生实际上还是根源于不明就理。

第一，金融衍生品具有杠杆作用，头寸放大之后，做对了放大盈利，做亏了加速亏损，高风险特征非常明显。

第二，由于不同的交易主体受到的制约条件不一样，对一些自身受到特殊约束的交易主体作出相应的限制性规定是极其正常的，而公募基金就是这样一个特殊交易主体。比如，对证券公司的自营而言，由于是自己的资金，选择激进方式还是稳健方式进行投资，都是自己的事情，又如，对私募基金或者对冲基金而言，他们喜欢风险，愿意100%地的做股指期货也是他们的自由，只要他们的出资者同意即可，但作为受到特殊监管的公募基金而言，其资金来源于成千上万的“基民”，基金发行时对“基民”有约束性的承诺，其中包括了投资方式、投资策略及持股比例、风险控制措施等。

第三，中国证监会的《指引》已经考虑到了基金合理利用股指期货的需求。比如，规定“持有的买入期货合约价值与有价证券市值之和不得超过基金资产净值的100%”中为什么提到“不含增强型”，这与基金当初向“基民”承诺的策略是相符的。至于10%和20%的差别，实际上并没有看上去那么大，假如基金的股票持仓是70%，按20%的比例算，股指期货的空头头寸实际只有14%，还需注意到“合计（轧差计算）应当符合基金合同关于股票投资比例的有关约定”，如果投资比例是60%的话，那就是只能做10%的空头了。多头则是按资产净值算的，10%的比例就是实打实的10%的多头。

第四，我们再来看一下美国共同基金的情况，因为有人认为“美国共同基金在股指期货上，多头持仓是多于空头持仓的，他们采取的就是资产配置功能，而我们不应该先天就缺失这一块”。

实际上，我们的证券投资基金（公募）与美国的共同基金具有同样的性质，可以这么说，我国的证券投资基金（公募）基本制度就是参照美国的共同基金设计的。

2010年2月24日，国信证券的赵学昂与焦健发表了研究报告《海外共同基金与股指期货的应用》，曾被国内不少媒体引用。报告中的结论之一为：参与程度高，但是投资比例低，大中盘基金尤其如此。根据晨星数据的资料，2006年，在美国市场表现优异的共同基金中，约有53%的大盘基金参与了股指期货，但投资比例不超过5%；中盘基金参与度为60%，投资比例不超过2%；小盘基金参与度为23%，投资比例不超过1%。2009年，美国富达基金管理公司的13只指数基金中仅1只未使用股指期货，但期指总市值仅占使用期指基金总净值的1.63%。70只主动型基金中有18只运用股指期货。

另外，报告中还有一个标题为：海外共同基金参与衍生品受到了严厉的监管。报告中提到：虽然共同基金较少使用衍生品，但一些基金确实在衍生品投资时出现了严重的问题。

美国证券交易委员会（SEC）认为，保护共同基金投资者利益是基金操作的最根本出发点，这与追求高收益等投资思想是有所差别的。换言之，美国的共同基金更像是一种储蓄产品。因此，对于共同基金使用衍生品的问题，SEC有着异乎寻常的严格要求。

至此，不难明白中国证监会《指引》中的10%和20%的额度已经够宽松了吧！能说我们“先天就缺失这一块”吗？在部分市场人士看来，似乎实现资产配置就是做多。什么是资产配置功能？不妨举一例说明。某基金股市资产80%，债券和现金各10%，由于判断股市会下跌而债市会上涨，决定将股市资产配置比例降至60%，将债市资产配置提升至30%，怎么利用衍生品达到目的呢？那就是卖出20%的股指期货，买进20%的债券期货。这不是在股指期货上做空吗？必须明白，利用衍生品工具进行资产配置的实质内涵仍然是套期保值，生造一个“资产配置交易编码”只能当玩笑看待。

在美国，某些时段共同基金的股指期货多头大于空头是可能的，但决不是永远如此。再加上前文所述，共同基金在股指期货上的占比实在太小了，指望共同基金在股指期货上做多来平衡空头岂非缘木求鱼。

中国金融期货交易所
China Financial Futures Exchange

交割释疑

如何看待沪深300股指期货交割制度

张晓刚　蔡向辉　常鑫鑫

文章导读

交割制度是连接现货市场与期货市场的重要桥梁。股指期货上市三年半以来，市场健康成长，功能逐步发挥，成功嵌入资本市场，交割工作是其中不可或缺的重要环节：一是股指期货交割价设计保障了期货价格和现货价格的强制收敛；二是相关交割指标显示股指期货交割结算运行良好；三是股指期货上市以来44个交割日无明显“到期日”效应。

本文原载于2013年12月23日《中国证券报》A17版。

作者分别为：中国金融期货交易所研发部总监；中国金融期货交易所投资者教育中心副总监；中国金融期货交易所研发部员工。

A17

如何看待沪深300股指期货交割制度

交割制度是联接现货市场与期货市场的重要桥梁，是期货价格正常回归并与现货价格收敛的一项重要制度保障，是期货品种在资本市场大洋中遨游的“深海之锚”。股指期货上市三年半以来，市场健康成长，功能逐步发挥，股指期货已成功嵌入资本市场，交割工作是其中不可或缺的重要环节。截至本文发稿前，股指期货已经顺利交割44个合约，市场上对于股指期货交割环节既存在支持和认可，也存在一些模糊认识。中国金融期货交易所（中金所）高度重视市场各方的意见，对交割制度进行持续不断的研究、检验和完善。本文对中金所交割制度的设计、交割工作的实践、海外成熟市场的相关经验等进行分析，谈谈对股指期货交割工作的几点看法。

一、股指期货交割价设计保障了期货价格和现货价格的强制收敛

从事期货交易的投资者，无论是多头持仓，还是空头持仓，如果在最后交易日前不进行反向平仓操作，则未平仓头寸必须进行交割。

期货的交割方式一般可分成两类：实物交割与现金交割。商品期货大多采用实物交割，股指期货则采用现金交割。原因在于，股指期货按照指数权重实物交割成分股票的成本太高，实际操作并不可行。因此，股指期货交割按照现货指数的水平进行现金结算，从

而保障了期货价格向现货价格强制收敛。

股指期货现金交割结算价的确定规则是保证交割平稳运行的核心因素，通常需要考虑套利（套保）便利度、抗操纵性、到期日效应等多种因素，以避免“到期日效应”和“三巫效应”。“到期日效应”是指股指期货合约临近到期时，由于交易中买卖集中而导致标的指数及其成分股的成交量和波动性显著增大的现象。与到期日紧密相连的还有“三巫效应”（Triple Witching），是指由于股指期货、股指期权、股票期权三种衍生品合约同时到期，容易导致行情大幅波动。股指期货到期结算价国际上主要有单一价和平均价两种确定规则。最早的股指期货合约大多采用单一现货收盘价作为交割价，容易产生“到期日效应”和“三巫效应”，发现这个问题之后，有些市场将股指期货的交割价改为最后交易日之后一日的特别开盘价，“三巫效应”没有了，但“到期日效应”转移到了第二天的开盘。后来，大部分市场改用平均价规则。具体来说，如果强调提高套利（套保）效率、缩小期现货偏离度、缩小交割结算价与指数收盘或开盘价偏离度，则可能倾向于采用简单收盘价、特别开盘价作为交割结算价。如果强调抗操纵性和避免到期日效应，则可能倾向于采用收盘前某段时间的平均价，该方式确定的交割结算价相对复杂，以增大操纵成本。目前，大部分股指期货都采取平均价方式来确定交割结算价。

二、相关交割指标显示股指期货交割结算运行良好

股指期货交割量、股指期货交割结算价差和交割日股票指数价格波动性是衡量交割结算运行良好与否的三个重要指标。

（一）股指期货交割量

股指期货交割量是分析交割情况的基础性指标。交割量平稳说明市场运行良好。随着沪深300股指期货成交持仓逐步放大和投资

者的逐步成熟，交割量也呈现平稳增加趋势。目前，股指期货成交量从上市首月的17.21万手上升了约4倍，达到2013年11月日均成交71.78万手，持仓量从1.03万手增长到2013年11月日均持仓10.37万手，交割量也从最初的600多手增加到2013年以来的平均3 000多手，说明沪深300股指期货交割状况良好。

以2013年12月合约到期为例，沪深300股指期货IF1312合约交割量超过8 000手。从微观层面来看，主要原因在于IF1312合约交割前的持续正基差迫使套保套利交易头寸进入交割程序。从宏观层面来看，近期股票市场呈现弱势震荡格局，美国退出QE、银行间市场资金价格飙升引发对钱荒的担忧等因素造成市场分歧加大，推动了股指期货交割量的增加。

尽管沪深300股指期货的交割量有所上升，但与境外股指期货产品的交割量相比仍然较低。根据“彭博”的数据统计，从2011年5月至2012年4月，美国标准普尔500指数期货的平均交割持仓比为52%，欧洲Stoxx 50指数期货为36%，香港恒生指数期货为25%，韩国Kospi指数期货为69%，台湾地区台指期货为41%。相同时间区间内，沪深300股指期货的平均交割持仓比仅为3.1%。总体来看，沪深300股指期货交割量依然平稳。

（二）股指期货交割结算价差

沪深300股指期货交割日交割价差小，收敛良好。由于交割结算价的计算采用现货指数最后两个小时的算术平均价，交割合约期货收盘价与交割结算价的价差是反映期现价格收敛、体现期货定价效率的重要指标，受投资者交割手续费、冲击成本、流动性等因素影响。沪深300股指期货历史上价差基本位于0.4到1.1之间，分别仅为交割结算价的万分之二和万分之五。整体而言，沪深300指数期货交割日价差较小，期现收敛良好，市场交易理性。

（三）交割日股票指数价格波动性

股指期货交割日股票现货指数价格的波动程度是衡量交割结算平稳运行的另一个指标。如果因股指期货交割结算导致股票现货指数价格大幅下跌或上涨，表明有可能存在市场力量利用结算价格操纵市场。从沪深300股指期货三年半的到期交割情况来看，交割结算没有导致股票指数价格大幅波动，交割日股票指数波动率1.34%，与非交割日波动率1.41%相比，没有显著变化，交割结算制度运行良好。

在本文发稿前一周周五的交割结算日，股指期货基本维持着正基差，并且下跌幅度低于现货指数，股指期货IF1312合约全天下跌2.27%，而沪深300指数现货下跌幅度为2.33%，股指期货不但没有带领现货指数下跌，反而在维持股市稳定方面释放了正能量，为套期保值、资产配置、风险管理的交易者提供了良好的避险工具。

三、股指期货上市以来44个交割日无明显“到期日”效应

为了让投资者更深入了解沪深300股指期货交割的历史情况，针对大家对“到期日效应”的担心，本文对股指期货上市以来到2013年12月20日的所有44个交割日的情况进行分析。

（一）交割结算日的股票指数收益率、成交量与平日无显著差异

从2010年4月16日沪深300股指期货上市以来，到2013年12月20日，股指期货市场已经平稳运行892个交易日，包括848个一般交易日和44个交割结算日（见表1）。

统计数据表明，一般交易日指数收益率均值为-0.04%，交割结算日指数收益率均值为0.12%；收益率标准差分别为1.41%和1.34%；交易额均值分别为670.48亿元和663.94亿元。统计检验后发现，两者之间没有统计上的差异，表明交割结算没有导致股指

表 1　　交割结算日和一般交易日的指数统计比较

统计量	一般交易日	交割结算日
样本数（个）	848	44
收益率均值（%）	-0.04	0.12
收益率标准差（%）	1.41	1.34
交易额均值（亿元）	670.48	663.94

的收益率波动和交易量比一般交易日有显著增加。

（二）交割结算日现货价格有涨有跌，不存在逢交割日必跌的现象

从历史运行情况来看，在沪深 300 所有交割结算日中，股票指数上涨次数大于下跌次数，沪深 300 股指期货交割并不存在所谓的每逢期指交割股市大跌的现象（见图 1）。

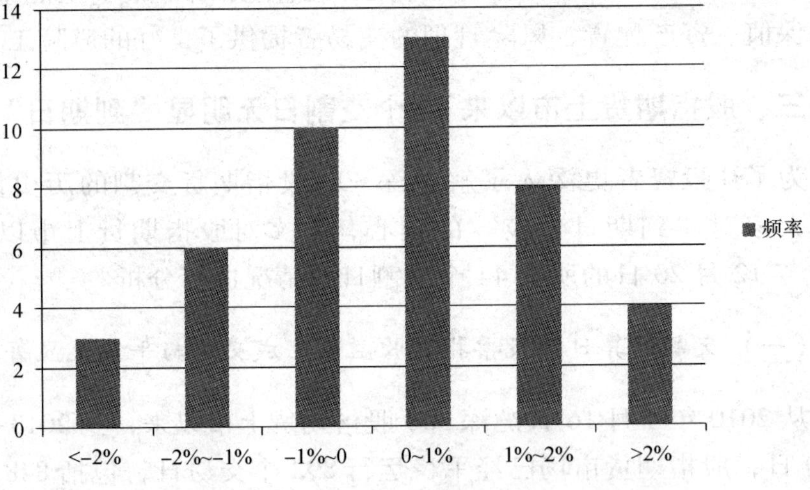

图 1　沪深 300 股指期货交割日股票指数收益率分布图

注：图中为 2010 年 4 月 16 日 ~2013 年 12 月 20 日的数据。

从三年半以来的实际数据来看，在股指期货上市以来的 44 个交割日中，股票指数上涨 25 次，下跌 19 次，上涨次数占比 56.82%，平均上涨 1.04%，下跌次数占比 43.18%，平均下跌 1.08%。其中，

最大的上涨幅度为3.21%，发生在2010年10月15日。最大跌幅为2.44%，发生在2013年7月19日。综合来看，决定股指期、现货走势的是基本面和技术面等因素，与股指期货是否交割并无直接关系。例如，据上交所公开披露，2013年12月20日股市尾盘部分股票异动，是个别合格境外机构投资者（QFII）跟踪指数调仓所致。据查，这些QFII在这段时间没有交易股指期货。沪深300股指期货之所以能够交割平稳，与交割制度的精心设计密切相关。

沪深300股指期货目前采用现货指数最后两小时每5秒钟取样的算术平均价作为交割结算价，试图操纵交割结算价的成本巨大。据测算，2013年12月20日现货市场尾盘的下挫对IF1312合约交割价的影响为0.04个点，即使尾盘少数成分股有异动，一方面，每一成分股占沪深300指数权重较低，另一方面，尾盘几十个样本点的波动对交割结算价影响微乎其微，因此要通过操纵股指期货交割价来获利是得不偿失的。

四、借鉴国际经验，沪深300股指期货合约在全球主要股指期货合约中抗操纵性表现优异

在1982年股指期货上市之初，各主要市场普遍以简单的最后交易日股指现货收盘价作为交割结算价，这种方式容易给市场操纵提供有利条件。1985年，美国证券交易委员会（SEC）曾提议改变期货合约现金结算价的确定规则，即由到期日的指数平均价①代替收盘价来缓解到期日效应，但未被美国主要交易所采纳。1987年，芝加哥商业交易所等将现金结算价由最后交易日的收盘价调整为纽约股票交易所次日开盘价，进而调整为星期五开盘价②。

---

① Stoll和Whaley（1997）认为，市场存在的指数套利行为和操纵价格行为，以及股指期货现金结算价的确定规则等是诱发到期日效应的主要因素，并且认为平均结算价较单一结算价不易受到人为操控。

② Herbst和Maberly（1990）、Stoll和Whaley（1991）和Hancock（1993）研究发现新的结算方式只是将到期日效应转移到了星期五的开盘，而并没有消除到期日效应。

全球主要股指期货合约交割结算价计算方式见表2。

表2　全球主要股指期货合约交割结算价计算方式比较

结算价计算方式		国家/地区	交易所	股指期货产品	取样时间
单一价	收盘价	新加坡	SGX	MSCI 中国台湾指数期货	—
		巴西	BM&F	Ibovespa 指数期货	—
		韩国	KRX	KOPSI 200 指数期货	—
	特别开盘价	美国	CME	道琼斯平均工业指数期货	—
				S&P 500 指数期货	—
				Nasdaq 100 指数期货	—
				Russell 2000 指数期货	—
		日本	OSE	Nikkei 225 指数期货	—
			TSE	TOPIX 指数期货	—
平均价	算术平均	法国	Euronext. Liffe - Paris	CAC 40 指数期货	15：40～16：00
		英国	Euronext. Liffe - London	FTSE 100 指数期货	10：10～10：30
		德国	Eurex	Dow Jones Euro STOXX 50 指数期货	11：50～12：00
		南非	SAFEX	FTSE/JSE TOP 40 指数期货	12：01～13：40
		波兰	WSE	WIG 20 指数期货	收盘前1小时
		俄罗斯	RTS	RTS 指数期货	收盘前1小时
		土耳其	TURKDEX	ISE National - 30 指数期货	收盘前15分钟
		西班牙	MEFF	IBEX - 35 指数期货	16：15～15：45
		中国香港	HKEX	恒生指数期货	全日交易时间（5分钟间隔）
		中国台湾	TAIFEX	台指期货	收盘前30分钟
		新加坡	SGX	STI 指数期货	收盘前1小时
	以交易量加权平均	印度	NSE	S&P CNX Nifty 指数期货	收盘前30分钟
			SEM	SENSEX 指数期货	收盘前30分钟
		新加坡	SGX	CNX Nifty 指数期货	收盘前30分钟
		瑞典	OM	OMX 30 指数期货	全日交易时间

注：数据来源于各交易所网站。

经过30多年的发展，目前全球主要股指期货合约交割结算价的计算方式有单一及平均价两种，在单一价部分，巴西与韩国等交易所采用收盘价，美国、日本等交易所则采用特别开盘价。在平均价部分，多数国家采用算术平均价。其计算交割结算价的取样时间范围由最短的10分钟至最长的全日交易时间，但多数介于20分钟至60分钟之间。比较发现，只有恒生指数期货和OMX 30指数期货的取样时间长于沪深300股指期货。但是，恒生指数期货取每5分钟的时点样本数进行平均，而沪深300股指期货取每5秒的时点样本数进行平均，加上OMX 30指数期货的成交量较小，不是国际主要合约，因此沪深300股指期货合约的抗操纵性在全球主要股指期货合约中表现优异。

另外，有一个例子充分说明了现行的沪深300股指期货交割结算价的相对合理性。我国台湾地区股指期货的交割结算价共经历了4次变革，几乎尝试了所有种类的交割结算价确定规则，既有当日的，也有次日的；既有单一价，也有平均价；既有加权平均，也有算术平均。最终，2008年12月起我国的台湾期货交易所正式改用现货指数最后半小时的算术平均价作为期货合约的交割价，并沿用至今（见表3）。

表3　台湾期货交易所股指期货交割结算价变革路径

交割结算价变革路径	说 明
首次确定规则：1998年7月至1999年1月，最后交易日的下一营业日09：05的中国台湾证券交易所按发行量加权平均的股票指数价格	与中国台湾证券交易所每5分钟揭示1次股价指数相对应
第一次变革：1999年1月至1999年5月，最后交易日的下一营业日09：01的中国台湾证券交易所按发行量加权平均的股票指数价格	与中国台湾证券交易所改为每1分钟揭示1次股价指数相对应
第二次变革：1999年6月至2001年10月，最后交易日的下一营业日开盘（09：00）后15分钟内的第一笔成交价的指数价格，也就是特别开盘价	因09：01的股价指数无法揭露其各成分股的当日开盘价，故参考国外主要交易所作法，改为特别开盘价

续表

交割结算价变革路径	说 明
第三次变革：2001 年 11 月至 2008 年 11 月，最后交易日的下一营业日开盘（09：00）后 15 分钟内加权平均计算的指数价格	为防止最后结算价遭到操纵，改用最后交易日的次一营业日开盘 15 分钟内之加权平均价
第四次变革：2008 年 12 月至今，最后交易日收盘前 30 分钟内算术平均计算的指数价格	为使交易人能规避到期交割的隔夜风险，提高到期保证金的资金释放效应，也为投资者提供简单的计算方式

资料来源：中国台湾期货交易所。

从境外和我国台湾市场的经验看，采用单一价作为交割结算价容易导致股指期货合约到期日出现大量期货、现货在交割时点（收盘或开盘）集中卖出，现货指数大幅波动甚至被操纵的现象。按照“高标准、稳起步”的原则，我国沪深 300 股指期货在合约设计之初考察了各市场不同的股指期货交割方式的漫长探索，结合我国股市的实际情况，发挥了后发优势，并且以强调抗操纵性为主，因此选择了计算相对复杂、操纵成本较高、抗操纵性更好的交割日最后两个小时现货指数的算术平均价。优点在于：一方面，使得投机力量企图操纵股指的实际操作难度加大；另一方面，也为套保、套利头寸的平仓和转仓操作预留了充足的空间，避免了期、现货市场在最后时刻出现大量市价委托单，从而导致市场价格大幅波动。此外，在这样的交割结算价产生方式下，到期日当天现货市场上的所有信息也能得到有效的反映，期、现货价格的收敛程度相对较好，不会出现大幅偏离的现象。过去三年半市场交割日平稳理性的实践证明，这一设计是科学而严谨的。

五、共同努力完善股指期货市场风险管理功能

三年半以来，股指期货市场交割一直是各界关注的重点之一，

也是中金所从始至终高度重视的一项工作。从已进行的44个合约交割情况总体来说，沪深300股指期货交割环节是平稳、顺畅的。中金所的交割制度设计力求严谨，采用了全球最为严格的交割结算价计算方式，保证期货价格与现货价格充分收敛，有效防范了跨市场操纵的风险。从与境外成熟市场的对比来看，沪深300股指期货交割量占比较低，交割规模“波澜不惊”。在交割日最后阶段，合约价格始终围绕交割结算价微幅波动，走势平稳，没有对股市运行造成大的影响，市场也没有出现针对到期合约交割的炒作。伴随着当月合约临近交割日持仓量和成交量的不断减少，次月合约持仓量及成交量相应增加，主力合约转换平稳有序，平均为2.7天。可以说，股指期货交割制度和技术系统已经成功经受了市场检验。

我们也注意到，在个别期指交割日，期现货市场波动较大，难免引起社会对“到期日效应”的担忧。作为中国资本市场的一项新生事物，股指期货的实践历程较短、投资者熟悉度不高、规则制度普及工作不足，尤其是在A股市场持续走弱的背景下，部分投资者将股市异动与股指期货交割联系起来，这是市场心态的客观存在，也提示我们未来还需要进一步完善股指期货交割制度。

随着时间推移，市场运行规律、投资者认知与股指期货相关制度之间也是一个动态变化和动态平衡的过程，制度本身必须不断经受检验并得以改进。因此，我们既不能因为过去三年半的平稳运行而高枕无忧，也不能被“阴谋论”所左右而人云亦云、做出误判，而是要实事求是、心平气和地甄别、分析、梳理问题。要根据股指期货市场发展的实际情况，不断完善期货交割制度设计；要针对市场关切，不断检查自身工作，认真对待投资者关心的问题；要不断加强市场宣传，大力普及期货知识；最终，还是要通过市场各方的共同努力，充分发挥股指期货市场功能，优化制度设计，提升市场效率，努力建设一个让各方主体放心的风险管理市场。

股指期货市场没那么多“魔咒”

胡俞越

文章导读

近年来，只要市场在交割日那天稍有异动，便有人生搬硬套地扯上“交割日魔咒”，这的确是有失公允。仔细分析就可以看出，即便是交割日市场有些波动，也只不过是整个资本市场运行体系上的“巧合”。另外，2013 年以来，中央银行、中国证监会等监管机构的诸多政策也都选择在周五出台。这是因为周末有两天交易真空期，可以让政策为市场逐渐消化，这在欧美市场也是常见的现象，可以说是监管艺术的表现方式。因此，周五作为消息的密集区，市场在那一天本身就有可能出现较大的波动，也很有可能“巧合”碰上交割日，这就不能把波动的原因怪到交割日身上。

本文原载于 2013 年 12 月 25 日《中国证券报》A18 版。

作者为：北京工商大学证券期货研究所所长。

A18 商品/期货 Commodity Futures

有了动力煤期货 今年日子好过了

股指期货市场没那么多"魔咒"

近日，股票市场呈现弱势震荡格局，美国退出 QE、银行间市场再度"钱荒"导致资金价格飙升等因素造成市场分歧加大。2013 年 12 月 20 日，股市尾盘部分股票出现异动，当天适逢 IF1312 合约到期交割，市场出现一些因沪深 300 股指期货交割造成股市尾盘波动的传言，被市场冷落多时的"交割日魔咒"又成了很多人议论的话题。这种观点不免牵强附会：一方面是对现货市场下跌原因不明就里，只看现象不看实质，缺乏起码的常识；另一方面是对股指期货运行状况和交割制度的认知缺失。国内股指期货交割结算价是由期指交易日的最后两小时现货指数算术平均价来确定，该方式确定的交割结算价操纵成本较高、操纵难度较大。从当时的情况看，IF1312 价格基本持平，并且保持升水，并没有带领市场下跌，股市尾盘下跌对该合约交割结算价影响十分微弱。

我们仔细分析近期股市下跌原因，无外乎两点：内因是年终国内市场流动性紧张，再度上演年中的"6. 20 钱荒"，银行间逆回购利率最高竟然超过了 16%，导致近期股市本就处于弱势状态。外因是美国缩减淡出 QE，对全球金融市场、全球流动性，以及其他国家的经济复苏等产生重大影响，而 2013 年 12 月 20 日尾盘一些权重股异动的直接原因则是 QFII 跟踪指数调仓，这一点上交所官方微博已经公开披露了。

这几年来，只要市场在交割日那天稍有异动，便有人生搬硬套地扯上"交割日魔咒"，这的确是有失公允。谁也没法强迫每次交割日市场都风平浪静，如果真这样反倒不正常。仔细分析就可以看到，即便是交割日市场有些波动，也只不过是整个资本市场运行体系上的“巧合”。比如，2013 年以来的两次“钱荒”，一次是“6. 20”，一次是“12. 20”，都发生在年中、年底两个月的第三个周末前后。这个时段金融机构有资金和监管的压力，银行间资金紧张，回购利率波动剧烈。众所周知，股指期货的交割日是每个月的第三个周五，这个制度已经实行了三年半，只是 2013 年以来，由“钱荒”引发的市场波动都较为靠近交割日，这与交割日本身没有关系。

另外，2013 年以来，央行、中国证监会等监管机构的诸多政策也都选择在周五出台。这是因为周末有两天交易真空期，可以让政策为市场逐渐消化，这在欧美市场也是常见的现象，可以说是监管艺术的表现方式。因此，周五作为消息的密集区，市场在那一天本身就有可能出现较大的波动，也很有可能“巧合”碰上交割日，这就不能把波动的原因怪到交割日身上。

因此说来，交割日市场有点“风吹草动”，本来就不足为奇，未来交割日也可能和每个普通的交易日一样，出现股市的起落。从三年半以来的实际数据来看，股指期货上市以来的 44 个交割日中，股票指数上涨 25 次，下跌 19 次，上涨次数占比 56. 82%，平均上涨 1. 04%，下跌次数占比 43. 18%，平均下跌 1. 08%。其中，最大的上涨幅度为 3. 21%，发生在 2010 年 10 月 15 日。最大跌幅为 2. 44%，发生在 2013 年 7 月 19 日。综合来看，决定股指期、现货走势的是基本面和技术面等因素，与股指期货是否交割并无直接关系。更何况，12 月 20 日股市尾盘部分股票异动，是个别 QFII 跟踪指数调仓所致，这本身就是个偶然事件。

如果说了以上的分析，还是有很多人选择相信“阴谋论”，非要说 QFII 在期现货两边进行操纵的话，那么我们可以看看，期指交割制度和交割日的运行本身是不是可以让“阴谋论”得逞。

有人说，资金是在通过打压现货在股指期货的交割上获取利益。这种说法完全忽略了12月20日股指期货的真实走势。只要看看沪深300股指期货1312合约当天的K线图就明白，12月20日下午14：00以后，该合约价格就已经靠近结算价，基本持稳。14：00时刻，期货IF1312合约2293.4点，与结算价仅相差3.1点。14：59时刻，期指IF1312合约价格2289.2点，与交割结算价2290.3点相差1.1点。同一时刻，现货收盘时价格2280.88点，期货交割结算价比现货价格高9.4点，从单一时点价格来看，现货下跌并未影响期指交割结算价。可以说，当时1312合约根本就没有受到现货波动的影响，要说操纵，甚至连现象本身都不支持。

从交割制度看，目前股指期货交割采用现货指数最后两小时每5秒钟取样的算术平均价作为交割结算价，试图操纵交割结算价的成本巨大。据测算，12月20日现货市场尾盘的下挫对IF1312合约交割价的影响为0.04个点，即使尾盘少数成分股有异动，一方面，每一成分股占沪深300指数权重较低，另一方面，尾盘几十个样本点的波动对交割结算价影响微乎其微，要通过操纵股指期货交割价来获利是得不偿失的。根据笔者推算，哪怕是当天QFII有意操纵，那么最后期指结算价的这点波动，它恐怕只能获利几万块钱，而这需要在现货上动用几个亿的资金并冒着违法违规的高度风险，试问有谁会去为了几万块钱冒如此大的风险呢？

从股指期货市场结构来看，QFII的持仓占比一直很小，并且仅限于套期保值，要想兴风作浪，既没有这个实力，也没有这个条件。

最后再说说期指引领现货下跌的说法。在上周五的交割结算日，股指期货基本维持着正基差，并且下跌幅度低于现货指数，股指期货IF1312合约全天下跌2.27%，而沪深300指数现货下跌幅度为2.33%。除了待交割合约价格高于现货外，其他三个合约的基差也大多较高，期指的多头情绪明显强于现货。这也足以证明，股指期货没有带领现货指数下跌。

说来说去，股指期货上市后，风险可控了，机构更活了，理念进步了，成为股市风险的泄洪渠、投资者避险的逃生舱，服务资本市场发展全局的积极作用得以显现，这些都是有目共睹的。但是，作为一个新事物，在股市下跌的时候被人拿来“撒撒气”，也是股指期货在金融期货市场成长道路上必须经历的风风雨雨。股指期货市场没那么多“阴谋”“魔咒”，只要市场参与者心中有阳光，金融期货市场就有光明。

股指期货交割日走势稳定 "操纵说"难以成立

桂浩明

文章导读

从分析研究来看，有关资金操纵股指期货交割的说法没有任何事实根据。首先，在 IF1312 合约交割当日，期指各合约价格跌幅远不如现货。其次，股市暴跌对交割结算价影响有限。最后，交割量的增加是由于 IF1312 合约交割前的持续正基差迫使套保套利交易头寸进入交割程序，不能作为资金操纵的证据。

本文原载于 2013 年 12 月 25 日《上海证券报》5 版，出版时标题略有改动。

作者为：申银万国证券研究所研发总监。

2013年12月20日，国内股市以银行股为首的权重板块盘尾骤然暴跌。截至当天收盘，银行板块重挫3.54%，上证大盘也下挫逾2%。巧合的是，沪深300股指期货1312合约也于当日交割，进入交割环节的持仓量达到8 100手。这引发了不少人想当然式的联想，有关资金操纵股指期货交割的传言也不胫而走。从我们的分析研究来看，这种说法没有任何事实根据。

News 新闻·财富管理 | 周五

上海证券报

期货

交割日走势稳定 “操纵说”难以成立

首先，在IF1312合约交割当日，期指各合约价格跌幅远不如现货。一是期指各合约尾盘运行较为平稳。若真有资金操纵交割，股指期货理应在收盘前和现货一起暴跌，但事实并非如此。例如，IF1312合约在最后1分钟并没有跟随现货下跌，在沪深300指数收盘之后的15分钟里，IF1401合约走势也相当平稳，并没有延续沪深300指数的单边下跌态势。二是IF1312合约和IF1401合约价格的跌幅均小于现货指数，且期指仍保持升水。

其次，股市暴跌对交割结算价影响有限。按《中国金融期货交易所结算细则》的规定，股指期货合约采用现金交割方式，交割结算价为最后交易日标的指数最后两小时的算术平均价。沪深300指数在最后两分钟受权重股下跌影响而下跌，但因为最后两分钟的成交量相对于最后两小时的成交量来说占比很小，基本不影响期指交割结算价的计算。根据我们的测算，2013年12月20日现货市场尾盘的下挫对IF1312合约交割结算价的影响为0.04个点，可见要通过操纵股指期货交割价来获利是得不偿失的。

最后，交割量的增加不能作为资金操纵的证据。虽然 IF1312 合约有 8 100 手持仓进入交割，但这与当日股指期货最高持仓 152 476 手相比，占比只有 5.31%，这个交割比例仍在合理范围之内，且从微观层面来看，交割量高的主要原因在于 IF1312 合约交割前的持续正基差迫使套保套利交易头寸进入交割程序。

此外，作为当日现货下跌的“罪魁祸首”，QFII 并没有参与最后两分钟的股指期货交易，且 QFII 也不是股指期货交易的主要参与机构。截至 2013 年 11 月 15 日，股指期货市场共有机构客户 190 家，机构产品账户 1 359 个，开设交易编码 1 848 个，涉及证券、期货、基金、信托、QFII、保险 6 大类机构。其中，QFII 账户仅有 16 个，约仅占全部机构账户数的 1.1%，而券商自营及资管账户有 376 个，基金账户更高达 540 个，分别占股指期货机构账户数的 27.7% 和 39.7%。按照账户数计算，券商和基金才是股指期货市场机构投资者的主力，而 QFII 的市场占比非常小，对市场影响相对有限。

市场出现波动是难免的，特别是当波动比较大时，投资者都希望找到原因，以此作为操作上的借鉴。这本身无可非议，但是这应该是建立在尊重事实的基础上，随意地将指数期货拉来作为“替罪羊”，既不符合实际，对于调整今后的投资行为更是起不到正面作用。

肖成：期指未出现交割日“魔咒”现象

沈 宁

文章导读

肖成认为，研究显示，股指期货上市三年半以来，交割日期现货价量表现正常，交割日有涨有跌，不存在每逢期指交割股市大跌的现象。根据统计，交割日当天交割合约的走势都是很平静的，没有出现所谓“魔咒”现象。实际上，机构操纵股指、打压现货市场，并在期指上获利的模式很难实现。

本文原载于2014年1月29日《证券时报》A15版。

肖成为广发期货总经理。

Commodity 期货

A15

肖成：期指未出现“交割日魔咒”现象

他表示，机构操纵股指、打压现货市场，并在期指上获利的模式很难实现

个别交割日
出现波动属正常

股票市场持续低迷引发各界热议。有观点认为每到股指期货交割日，市场大多暴跌，甚至认为期指交割日前后会有券商联手打压几只权重股，操纵股指期货市场。

对此，《证券时报》记者采访了期货业专家、广发期货总经理肖成博士，请他对股指期货交割业务进行分析。

肖成认为，研究显示，股指期货上市三年半以来，交割日期现货价量表现正常，不存在每逢期指交割股市大跌的现象，也没有出现所谓“魔咒”现象。作为一个新事物，股指期货市场没那么多“阴谋”，市场参与者应理性客观地予以评价。

交割日实际涨多跌少

《证券时报》：有人说，每到股指期货交割日，市场就以暴跌收场。据您观察是否存在这一现象？

肖成：有这样的说法并不奇怪，因为很多人总是习惯于记住个别几个暴跌的日子，事实上他自己并没有去真正统计过。

我们的统计结果显示，从2010年4月16日沪深300股指期货上市至2014年1月27日，期指市场运行917个交易日，包括872个一般交易日和45个交割结算日。从价格涨跌看，45个交割日中，股票指数上涨25次，下跌20次，上涨次数占比55.56%，平均上涨1.04%，下跌次数占比44.44%，平均下跌1.09%。其中，最大的上涨幅度为3.21%，发生在2010年10月15日。最大跌幅为

2.44%，发生在2013年7月19日。这就很明显了，交割日其实是有涨有跌，不存在一到交割日就跌的现象。

综合来看，决定股指期、现货走势的是基本面和技术面等因素，与股指期货是否交割并无直接关系。

《证券时报》：据您观察，沪深300股指期货在交割日有没有出现多空激烈博弈、空方猛砸权重股的现象？

肖成：其实，交割日当天交割合约的走势都是很平静的，不像有些人形容的那么"波谲云诡"。统计显示，交割日股指期货主力合约成交金额很低。截至2014年1月27日，期指当月连续合约单边日均成交额为1 699亿元，而45个交割日待交割合约成交金额不足700亿元，期指交割日没有出现多空激烈博弈现象。

如果存在交割日打压权重股操纵市场的现象，那么权重股领跌将导致其表现弱于市场。我们看沪深300前三大权重股民生银行、招商银行和兴业银行在期指交割日的表现，自2010年4月16日之后，45个交割日3只股票表现好于大盘的天数分别为28天、25天和25天，比例均超过一半。这也很明白，不存在权重股在交割日遭到打压的情形，打压其他股票进行操纵也就更不可能。

打压获利不具可行性

《证券时报》：虽然从现象来看，人们的担心并不存在，但从交易机制上看，机构是否可能在交割日那天操纵市场呢？

肖成：机构操纵股指、打压现货市场，并在期指上获利的模式很难实现。一方面，沪深300指数是A股市场成熟行业蓝筹公司的代表，以规模和流动性作为选样的两个根本标准，指数抗操纵性强，波动率低。即便不考虑市场监管处罚的因素，要想打压沪深300指数，也需要付出非常高昂的成本。另一方面，要操纵市场，必然要试图影响当天的结算价。从交割制度看，目前期指交割采用现货指数最后两小时每5秒钟取样的算术平均价作为交割结算价，试图操纵交割结算价的成本巨大。在这样严格的制度面前，其实机构没有动力，也不可能在交割日兴风作浪。

此外，期指市场还有包括《期货异常交易指引（试行）》在内的一系列严格监管措施，对10种异常交易行为实行严厉的监控和惩罚措施。在实际操作中，中金所对异常交易实行高效实时监控，巨量下单进行期现货操纵套利本身也难以绕开监管防火墙。

交割结算运行良好

《证券时报》： 我们应该从哪些指标来评价交割日的运行情况呢？

肖成： 期指交割量、交割结算价差和交割日股票指数价格波动性是衡量交割结算运行良好与否的三个重要指标。

一看期指交割量。随着沪深300期指成交持仓逐步放大和投资者的逐步成熟，交割量也呈现平稳增加趋势。二看期指交割结算价差。沪深300期指交割日交割价差小，收敛良好。历史上价差基本位于0.4到1.1之间，分别仅为交割结算价的万分之二和万分之五。整体而言，沪深300指数期货交割日价差较小，期现收敛良好，市场交易理性。三看交割日股票指数价格波动性。从沪深300期指近4年的到期交割情况来看，交割结算没有导致股票指数价格大幅波动，交割日股票指数波动率1.34%，与非交割日波动率1.41%相比没有显著变化，也说明交割结算制度运行良好。

个别交割日出现波动属正常

《证券时报》： 不可否认，个别交割日市场是有波动的，市场多少还会有些担忧，您怎么看？

肖成： 在个别期指交割日，期现货市场波动较大，难免引起社会的担忧。但认真分析，会发现决定股票市场走势的还是基本面因素。

例如，2013 年 7 月 19 日下午 1308 合约暴跌也并非机构打压的结果。当日上午中国证监会和人民银行分别举行新闻发布会，透露了创业板再融资规则体系即将择日发布，以及商业银行贷款利率管制将于 7 月 20 日起全面放开的消息，严重打击了银行等权重股，造成股市暴跌，这并不是几十家券商联手打压的结果。

作为中国资本市场的一项新生事物，期指的实践历程较短，投资者熟悉度不高，规则制度普及工作不足。尤其是在 A 股市场持续走弱的背景下，被人拿来“撒撒气”，也是股指期货在金融期货市场成长道路上必须经历的风风雨雨。其实，期指市场没那么多“阴谋”，相信随着时间的推移，市场参与者都会理性客观地看待这些问题。

中国金融期货交易所
China Financial Futures Exchange

深化发展

张慎峰：期市扩容将提升资本市场厚度

李　磊

文章导读

“总体来看，我国期货市场的发展远未跟上实体经济成长的需要，与我国经济的国际地位很不匹配。特别是金融期货起步晚、品种少、上市慢，远远不能满足实体经济强烈的风险管理需求，已经成为期货市场发展的短板。我国期货市场产品有限、发展不足、功能欠缺。”

“不同的期货品种功能各异，各有所需，而期现市场分工明确，互补性强，资金分流只是或有的、暂时的，共同繁荣才是根本的、绝对的。张慎峰指出，从全球市场经验来看，金融期货市场的发展只会助力而不会拖累股市。金融期货服务避险需求，是股票等现货市场的配套性而非重复性建设。”

“期货和现货交易机制不同，金融期货采用保证金和 T + 0 交易，尽管交易规模很大，但实际占用资金有限，股指期货仅用期货市场 12% 的资金量。”

“期货市场扩容并不可怕，而是要采取积极的措施来妥善化解。”

本文原载于 2014 年 1 月 21 日《期货日报》4 版。

张慎峰：期市扩容将提升资本市场厚度

——专访中国金融期货交易所董事长

2013 年是我国期货市场发展最快，上市品种最多的一年，国债期货、铁矿石期货等 9 个品种破茧而出。因此，市场上有观点认为，品种上市过快，期货保证金没有同步增加，出现了资金紧张和客户分流的局面。类似观点在金融期货上市过程中也有体现，股指期货、国债期货及筹备中的指数期权都引发类似忧虑，担心期货市场分流股市资金，甚至导致股市下跌。

此类观点有何道理？市场组织者和建设者应该如何看待？《期货日报》记者专访了中国金融期货交易所董事长张慎峰，请他用历史经验与详细数据进行分析与解读。

一、市场化改革加快，新品种顺势而生

对于 2013 年以来期货品种上市步伐加快，张慎峰认为，这是市场化改革加速、管制放松，期货市场更好地服务实体经济和现货市场需求的必然发展结果，其实也是市场长期以来热切期盼的大好局面。

“但即便如此，截至目前期货品种也只有 40 个，尤其是金融期货品种只有两个，即沪深 300 指数期货和 5 年期国债期货，这与境外市场数量众多、功能健全的金融期货产品相比，差距还十分明显。”张慎峰表示，总体来看，我国期货市场的发展远未跟上实体经济成长的需要，与我国经济的国际地位很不匹配。特别是金融期货起步晚、品种少、上市慢，远远不能满足实体经济强烈的风险管

理需求，已经成为期货市场发展的短板。他认为，我国期货市场不是发展过快、产品过多、功能过剩，而是产品有限、发展不足、功能欠缺。我国期货市场仅仅是发挥市场决定性作用的开始，不但不能停、不能歇，还需要加快发展步伐。

不过，张慎峰也指出，必须看到市场担心的合理性，确保发展速度与资金供给状况、服务水平和监管能力相适应。据张慎峰分析，一方面，短期内，静态资金总量有限，品种增加只会摊薄现有资金，另一方面，品种上市速度过快也会让期货公司疲于应对。“但归根结底，正是实体经济迅速发展才产生了强烈的避险需求，而我国期货市场发展不够，这对我们的避险市场建设提出了巨大的挑战。对于这个问题，技术上需要把握品种上市节奏，战略上必须以发展壮大来破解”，张慎峰表示。

二、期现功能各异，互补生存

不同的期货品种功能各异，各有所需，而期现市场分工明确，互补性强，资金分流只是或有的、暂时的，共同繁荣才是根本的、绝对的。张慎峰指出，从全球市场经验来看，金融期货市场的发展只会助力而不会拖累股市。

“金融期货与股票不同，主要功能是避险而非投资，期现货市场分工明确、功能互补，投资者并非绝对‘二选一’”，张慎峰表示。金融期货服务避险需求是股票等现货市场的配套性而非重复性建设。完整的资本市场包括股票发行一级市场、股票交易二级市场和以股指期货为代表的管理市场风险的衍生品市场。股票一级市场实现了投资、融资和资产的静态定价，二级市场实现了资产动态定价和优化配置，股指期货市场则实现了股市风险的控制、分割、转移和再分配。投资者参与股市投资，分享经济成长成果，同时利用股指期货进行避险，提高投资安全保障，相当于买了保险。目前，全球43个交易所上市了400多个股指期货品种，涵盖了世界主要经济体，期现市场双轨运行已经成为主流标配。

“金融期货交易以现货交易为基础，繁荣的期货交易背后是扎实的现货市场发展。”张慎峰将期货交易分为套保、套利和投机三类。套保的前提是投资者存在相应的现货资产或交易需求，有险要避，只会促进现货交易；套利和投机交易主动承担市场风险，提供对手盘，使得套保套利交易相对应的现货交易得以开展；套保和套利是机构客户参与金融期货的主要目的，截至2013年年底，机构套保套利的日均交易量和持仓量占比分别达到3.71%和28.19%。机构客户参与期货交易并未压缩股市投资规模。

张慎峰指出，金融期货专业小众特点明显，风险更高，绝大多数股民目前也并未参与。作为与股票差异化更大的产品，国债期货参与者主要来自债券市场，而不是股市，两个市场在产品属性、投资者结构、交易模式和习惯上差异很大，投资者很少相互转换。同时，国债及其期货价格的低波动率和高专业性，以及普遍采用实物交割的特点，都使国债期货与股市投资者相隔离。

三、高交易额与低保证金占用

对于市场关注的金融期货高于现货市场数倍的高交易额，张慎峰提醒市场应透彻分析。他指出，期货和现货交易机制不同，金融期货采用保证金和T+0交易，尽管交易规模很大，但实际占用资金有限，股指期货仅用期货市场12%的资金量，就贡献了全国期货市场9%的交易量和52%的交易占比。

2013年股指期货成交额达140.7万亿元，是同期沪深两市A股46.66万亿元成交额的3倍。但是，股指期货实行T+0的保证金交易，而股市实行T+1的全额资金交易，二者不能照此简单比较。张慎峰指出，12%的保证金比例使得股指期货成交额相对放大8倍。股指期货成交持仓比一般在5~8倍，T+0交易放大成交额至少5倍，这两个因素使得股指期货成交额放大几十倍。

即使同商品期货相比，金融期货成交量和持仓量也都较小。2013 年，股指期货成交量仅占全国期货市场的 9.37%，持仓量仅占 1.62%。目前，股指期货保证金规模仅相当于全市场的 12% 左右。股指期货 2013 年累计成交额占期货市场的 52.72%，这主要是因为其合约面值大，每张在 60 万 ~ 70 万元，是商品期货合约的几倍甚至几十倍。

金融期货有限的持仓规模也显示其对股市资金变化的影响不大。截至 2013 年 12 月 31 日，沪深 300 指数期货持仓合约面值为 843.72 亿元，仅为沪深指数成分股总市值的 0.44% 和流通市值的 0.67%，以及沪深两市总市值的 0.35% 和流通市值的 0.42%。截至 2013 年 12 月 31 日，金融期货市场保证金总规模为 262 亿元，仅相当于一个中型股票的市值，相当于股市资金量（按 2013 年 12 月 31 日股市交易结算资金余额计算）的 5.1%。

四、期现携手发展共同进步

张慎峰认为，股指期货上市近 4 年来，期现货市场携手共同进步，而不是非此即彼，实践已经给出了明确的回答。一方面，金融期货上市没有导致股市“失血”“变冷”；另一方面，金融期货促进行业整体进步，商品与金融期货同步繁荣。目前，金融期货市场保证金规模稳步增长，在 4 家期货交易所中保证金规模排名第三，同期期货市场资金总量增加 1 000 多亿元，商品期货交易所保证金规模都实现了不同程度的增长。市场普遍认为，金融期货带动了行业在注册资本、从业人员素质、技术系统水平及社会贡献度等方面的大幅提升。

五、金融期货稳定市场功能渐显

“从境外市场经验来看，金融期货市场对其他市场的带动和促进作用十分明显，有效提升股市核心竞争力和资金吸纳能力。”张慎峰表示，这些作用也正在国内市场中逐步体现。第一，有助于提高风险管理能力，提升投资者入市意愿；第二，有助于提高持股稳定性，减缓股市资金净流出；第三，有助于拓展股市交易新业务，激发更多参与需求；第四，有助于促进产品创新，丰富投资选择，吸引资金流入，提升市场厚度。

张慎峰认为，随着股指期权上市，市场创新能力进一步提高，有望进入投资策略更加灵活自由、理财产品更加丰富多元的新时代。这将为投资者提供更多选择，有助于引导社会资金通过机构理财间接入市并分享改革发展成果，从而实现市场发展与投资者收益的良性互动。

六、优化市场环境，促期现市场共繁荣

张慎峰表示，期货市场扩容并不可怕，不需要过于担心，但不担心不代表不作为，而是要采取积极的措施来妥善化解，这正是我们当前面临的任务。为了迎接期货市场更快的发展和更大的进步，实现新的和更大的目标，包括监管部门、交易所、会员单位及各类投资者在内的市场各方应该共同想办法，合力优化市场环境，提升市场效率，促进市场持续繁荣。

张慎峰给出了几条建议：一是上市品种必须“优选”“优生”，但市场急需和已经看准的还要“多生”“快生”。一方面，品种上市一定要科学严谨，必须经过反复研究论证，广泛征求社会意见，确保产品真正满足实体经济和现货市场发展需求。不能简单地将上市新品种视为“跑马圈地”，一味地抢占频道、划地盘，可以考虑制定新品种上市规划，统筹上市步伐。另一方面，必须加快成熟品种的上市步伐。

张慎峰提出，应遵循简政放权的思路，着力发挥市场的决定性作用，探索期货品种上市机制改革路径，按照“批大类品种，不批具体合约”的原则，成熟一个，上市一个，尽快建立完整、健全的金融期货品种体系，积极促进我国期货市场运行质量提升和市场功能发挥，打造中国经济风险管理平台，更好地起到保驾护航的作用。

二是深化市场培育，做深、做精、做细老品种。交易所不能只管“生”，不管“育”。在科学设计产品和规则的基础上，更要勤吆喝、大声说，积极做好市场宣传教育，广泛普及期货知识，做好市场深度开发。张慎峰认为，相比股指期货，国债期货上市不久，需要加倍呵护培育。

三是要降门槛、开正门、引活水。张慎峰讲到，中国证监会领导一再敦促交易所要采取有效措施，积极上门服务，充分延展产业链，吸引更多机构投资者和长期资金入市，利用期货进行风险管理，增加市场资金供应总量。

四是要放松管制，降低成本，提升效率，优化服务。要适时完善手续费定价机制，调整保证金水平，推行组合保证金制度，探索有价证券充抵保证金制度，降低会员与客户成本，有效提升市场资金使用效率。

张慎峰指出，目前有价证券充抵保证金是国际通行做法。芝加哥商业交易所（CME）保证金中仅有6%为现金，其余都是各类有价证券，而中国金融期货交易所（中金所）还没有建立保证金充抵制度，仍是100%的现金作为保证金。此外，股指期货近月及远月合约保证金比例虽然已经分别下调了20%和33%，但仍是境外的2倍以上，手续费比例已经下调了50%，但也都还有调整空间。说到底，关键就是要贯彻落实“放松管制、监管转型”的要求，处理好放松市场准入和加强市场交易行为监管的关系。

张慎峰表示，金融期货是现货市场的催化剂和酵母粉，它改善了市场体制机制，激发出内在竞争活力，长期来看不但不会分流股市资金，而且有助于提高股市吸引力，动员更多增量资金直接或间接入市，推动期现货市场共同协调健康发展，实现资本市场整体的做大做强。中金所抱定“社会责任至上”的理念，将扎实做好市场建设、维护与发展工作，坚持还权于市场，让利于会员和客户，努力实现整个市场和各方主体的共同繁荣与发展。

股指期权市场为何引入做市商制度

戎志平　王彩虹　王　琦

文章导读

做市商对期权市场的平稳运行发挥着关键作用。和股指期货不同，中金所股指期权在制度设计上引入了做市商制度。根据初步设计，做市商分两级，一级承担连续报价和接受询价义务，二级只有接受询价的义务。做市商的工作实质上是在活跃合约与不活跃合约之间发挥“导流渠”的作用，对期权市场的平稳运行发挥着关键作用。

期权市场引入做市商并不违背市场公平原则。首先，相对于其他参与者做市商没有任何特权；其次，做市商准入是公开透明的；最后，做市商制度公开透明。

本文原载于2013年12月10日《上海证券报》A6版。

作者分别为：中国金融期货交易所副总经理；中国金融期货交易所交易部总监、股指类期货期权小组组长；中国金融期货交易所股指类期货期权小组副组长。

Research 研究·财富/A6

股指期权市场
为何引入做市商制度

2013 年 11 月 8 日，中国金融期货交易所正式启动股指期权全市场仿真交易，股指期权上市推进又迈出了坚实的一步。

和股指期货不同，中国金融期货交易所（中金所）的股指期权在制度设计上引入了做市商制度。根据中金所的初步设计，做市商分两级：一级做市商承担连续报价和接受询价义务，二级做市商只有接受询价的义务。

股指期权为什么要引入做市商制度？这是由期权产品的两个特点决定的。第一，挂牌合约数量众多，合约之间流动性高度不均。为了使股指期权能够发挥风险管理的经济作用，中金所的股指期权合约共设 5 个月份合约，即：当月、下月、下下月和后面两个季月。对前面 3 个月合约，在平值期权合约上下按行权价 50 点的间距要保持始终不少于 3 个合约；对后面两个季月合约，在平值期权合约上下按行权价 100 点的间距要保持始终不少于两个合约。对应每个月合约和每个行权价，又分别有买权（看涨期权）和卖权（看跌期权）两种不同的期权类型。根据规则，11 月 8 日第一天推出全市场仿真时，挂牌了 62 个期权合约。随着市场行情的变化，不断加挂新的合约，到 11 月 29 日，挂牌合约数量已经增加到了 84 个。根据我们的历史回溯模拟，假设在 2006 年 1 月我们推出了股指期权交易，在 2006 年 1 月至 2013 年 11 月间，平均每天挂牌交易的合约数量为 156 个，最多时高达 368 个。根据国际经验，在一个良好的市场上，活跃的期权交易集中于平值及接近平值的合约，大多数合约是缺乏流动性的。第二，期权产品持有到期的比例较高，合约存续期间交易活跃度会随着市场价格的波动而发生转移。一个合约刚挂牌时，行权价在平值附近，交易比较活跃，但价格大幅上涨或下跌以后，原来的平值期权会变为深度虚值或实值，交易活跃度大幅下降。如果在合约活跃时形成了大量持仓，到合约不活跃时就很难平仓。如果这时市场出现单边走势，又没有做市商接盘，则重仓被套的客户无法及时平仓止损，不利于市场的平稳运行。

期权合约流动性不足，不仅容易造成客户交易成本过高、无法及时开平仓、价格过度偏离等一系列问题，对交易所来说还会导致无法合理地为数百个合约进行结算和收取保证金，影响市场平稳运行。

做市商的作用就是在一般市场参与者不愿意报价和进入交易时，向市场提供连续双边报价或接受其他投资者的询价，并且与对方达成交易。做市商在达成交易时一般要同时用股指期货或其他活跃的期权合约来对冲自己的风险。因此，做市商的工作实质上是在活跃合约与不活跃合约之间发挥“导流渠”的作用。目前，全球期权市场做市商的成交量占全市场的40%～50%。这意味着，几乎每笔期权交易都有做市商参与。做市商对期权市场的平稳运行发挥着关键作用。

从国际经验看，境外大部分期权市场都引入了做市商制度。美国芝加哥期权交易所（CBOE）是全球第一家期权交易所，在1973年上市第一个股票期权产品时即引入了做市商制度。此后建立的期权市场大部分也都引入了做市商制度。在目前全球十大股指期权合约中，除韩国的KOSPI 200、印度国家证券交易所的S&P CNX Nifty股指期权外，均有做市商。韩国股指期权市场进入门槛低，投机炒作氛围浓厚，早期全市场70%以上的交易量由个人客户创造。KOSPI 200股指期权市场流动性不平衡的问题较为突出，约有98%的交易量集中于近月合约。目前，韩国交易所已采取提高参与门槛等一系列措施来降低 KOSPI 200 股指期权的投机性。印度国家证券交易所的 S&P CNX Nifty 股指期权也没有正式的做市商制度，但其合约规模全球最小，只有 3 万多元人民币。这个市场上有很多做高频交易的流动性交易者，没有做市商的原因和 KOSIP 200 非常类似。韩国和印度的股指期权产品设计不应成为我们效仿的对象。

关于股指期权市场引入做市商有利于市场平稳运行这一点，很少有人提出异议。但是，有些人士认为，交易所应该对所有参与者一视同仁，担心引入做市商有违市场公平原则。

期权市场引入做市商并不违背市场公平原则。首先，相对于其他参与者，做市商没有任何特权。做市商只是享有交易所给予的交易费用减免等优惠。由于做市商承担了其他市场参与者不愿意承担的额外风险，交易所在交易费用等方面对其给予一定的优惠是对其履行义务的补偿，符合权利义务对等的原则。和交易所会员享受会员权利和承担会员义务的道理一样，这种权利不是一种“特权”，而是一种与交易所之间的契约关系。其次，做市商准入是公开透明的。有一定财务实力、专业能力、风险控制能力和技术系统的机构都可以申请成为做市商。做市商只有在与交易所签订协议，切实履行了协议约定义务的情况下，才可以享受到手续费优惠等权利。最后，做市商制度公开透明，做市商与普通参与者一起参与撮合交易，成交上没有任何优先。因此，期权市场引入做市商并不违背公平原则。

目前，股指期权上市推进已经进入了关键阶段。全市场仿真交易的开启为进一步检验合约和规则设计创造了条件。中金所将根据仿真交易中反映出的问题，广泛听取市场各方的意见，进一步优化合约和规则设计，做好股指期权上市的各项准备。

国债期货成功实现
"高标准、稳起步"的预期目标

陈　晗

文章导读

上市以来，国债期货市场运行平稳，功能初步显现，在促进国债顺利发行、提高国债市场流动性、健全反映市场供求关系的国债收益率曲线、加快推进利率市场化等方面开始发挥积极作用，参与机构比较认可，媒体评价积极、正面，实现了"高标准、稳起步"的预期目标，为国债期货市场持续健康发展奠定了坚实基础。国债期货刚刚起步，需要在发展中不断完善，需要有关各方一如既往的大力支持。下一步，中金所将在有关方面领导下，依托国债期货跨部委协调机制，多措并举，做精做细国债期货，实现国债期货市场投资者结构的多元化，拓展国债期货功能发挥的广度和深度。

本文原载于2014年1月16日《上海证券报》A6版。

作者为：中国金融期货交易所副总经理。

Research 研究·市场/A6 上海证券报

国债期货成功实现“高标准 稳起步”预期目标

一、国债期货市场运行平稳

国债期货 TF1312 合约上市首日以 94.220 元开盘，收盘于 94.170 元，较挂盘基准价（94.168 元）上涨 0.002 元，实现“开门红”。此后，受现货市场影响，国债期货价格稳中有跌。截至 2014 年 1 月 15 日，主力合约 TF1403 合约最高价为 94.694 元，最低价为 91.130 元，收盘价为 91.816 元。市场运行主要呈现以下特点：

（一）投资者参与有序，市场交易理性

截至 2014 年 1 月 15 日，国债期货总成交 355 148 手，日均成交 4 130 手；总成交金额 3 305 亿元，日均成交金额 38.43 亿元，日均持仓 3 776 手。美国 30 年期国债期货上市初期日均成交 100 手，日均持仓 900 手，当前我国国债期货市场流动性高于成熟市场国债期货发展初期水平。

从参与主体来看，共有 12 204 名客户参与国债期货交易，其中，自然人客户 11 906 名，法人客户 298 名。在法人客户中，证券公司 43 家、证券投资基金 8 家、期货公司资管 39 家。在金融期货投资者适当性制度保障下，这些投资者都是有资金、有知识、有经验的成熟投资者，熟悉国债期货合约条款设计，以及交易、结算、交割、风险控制等制度，交易行为理性。

从成交持仓结构来看，主力合约成交持仓分别占比 93.15% 和 84.87%，与国际成熟市场特征十分贴近；日均成交持仓比为 1.13

倍，市场交易理性。在持仓量前20名的客户中，特殊法人客户10名。这表明国债期货作为专业性较强的金融衍生产品，以机构投资者为主的市场特征初步显现。未来随着国债期货市场的发展，机构投资者参与的深度和广度会不断提升。

（二）期货价格波动合理，与现货价格联动性良好

上市以来，国债期货价格波动合理。截至2014年1月15日，TF1312、TF1403、TF1406合约平均日间波幅分别为0.20%、0.18%、0.15%，最大日间波幅分别为0.65%、0.62%、0.58%，均在1%以内。国债期现货价格联动性较好，主力合约期货与现货的相关系数为99%，最大收盘基差为0.58元，最小收盘基差为0.02元，平均收盘基差为0.20元。同期，美国5年期国债期货主力合约的平均收盘基差为0.12美元。我国国债期货基差接近国际成熟市场水平。

为满足投资者利率风险管理需求，防范交割风险，促进国债期货功能发挥，中金所对国债期货套保、套利管理制度进行了优化，鼓励投资者进行双向套保、套利交易。国债现货市场债券借贷、买断式回购等业务的发展也为投资者开展套利交易创造了条件，套利交易对期现货价格收敛的约束较强。2013年9月17日，国债期货在盘中出现了0.6元的基差。随着套利力量的进入，基差明显下降，至收盘时降至0.25元，恢复到合理区间。

（三）主力合约成功切换，交割平稳顺畅

国债期货采用实物交割，随着交割月的临近，在梯度保证金和梯度限仓制度的引导下，没有实际交割意愿的投资者逐步将国债期货头寸从近月合约转移到远月合约。从2013年11月下旬开始，TF1312合约持仓逐渐降低，TF1403合约成交逐渐活跃，持仓稳步增加。2013年11月28日，TF1403合约成交量为2 300手，持仓量

为1 822手，成交量和持仓量均超过TF1312合约，成功切换为主力合约。

交割是联系国债期现货市场的纽带，是期现货市场价格收敛的保障。国债期货上市以来，中国金融期货交易所（以下简称中金所）在前期开展7次仿真交割的基础上，组织中央结算公司、中国结算公司、期货保证金监控中心、期货公司、部分证券公司等机构多次开展全市场交割业务演练，确保国债期货平稳交割。TF1312合约2013年12月2日进入交割，至2013年12月18日交割结束，共完成70手滚动交割、381手集中交割，交割款总金额4.3亿元。从参与交割的主体来看，参与交割的客户均为机构投资者，未出现不符合交割门槛的情况。从交割券种结构来看，投资者对交割券种选择的趋同性和专业性显著增强，交割行为理性，全部履约交割。卖方客户共选择4种可交割国债用于交割，其中交割量最大的前两只国债为130015和130020，占交割总量的比重为79.16%。国债期货顺利完成首次交割标志着国债期货完成了首个合约从挂牌、交易到交割的周期，国债期货的产品、规则和制度设计得到了市场检验。

（四）市场监管有效，运行规范

2013年7月5日，中国证监会与财政部、中国人民银行、中国银监会、中国保监会等部委联合建立了国债期货跨部委协调机制，对于保障国债期货平稳运行至关重要。在国债期货跨部委协调机制框架下，财政部调整国债招标时间，保证所有投资者都能在国债期货中午休市时间获得招标结果信息，杜绝了承销团成员利用国债招标信息优势在期货市场从事内幕交易的可能性。中金所与中央结算公司、中国结算公司积极落实交割业务合作，保障国债期货交割业务的顺利开展，商业银行、保险资金等金融机构参与国债期货政策，以及国债充抵保证金等制度建设正在积极推进过程中。

以股指期货跨市场监管协作机制为基础，中金所与上海证券交易所、深圳证券交易所、中国结算公司、中国期货保证金监控中心建立了涵盖股指期货和国债期货的跨市场监管协作机制，正在积极推进更大范围的国债期货跨市场监管协作机制，有效防范系统性风险。同时，中金所及期货公司技术系统运转安全平稳，业务操作成熟有序，会员分级结算制度运转有效，没有发生结算风险。

二、国债期货市场功能初步显现

尽管我国国债期货运行时间较短，但在促进国债发行、提升现货市场流动性、推进债券市场互联互通、健全反映市场供求关系的国债收益率曲线、及时反映货币政策信息，以及加快金融机构产品和业务创新等方面的作用已经开始显现。

（一）发挥价格发现和避险功能，促进国债发行

国债期货产品标准化程度高，报价成交连续，能够为债券市场提供透明度高、连续性强的价格信息。国债期货上市以来，财政部先后发行了多只可交割国债，国债发行中标价格与国债期货价格之间的基差最低为0.07元，国债期货为国债招标发行提供了重要的定价参考。

在承销国债的过程中，部分国债承销团成员利用国债期货锁定利率风险，取得了良好的效果。国债期货套期保值和价格发现功能的初步显现提高了投资者参与国债投标积极性，促进了国债发行。以130015、130020两只国债为例，市场预期这两只国债为最便宜可交割国债，全部50家国债承销团成员每期都参与两只国债的发行投标，比参与其他国债投标的承销团成员平均数量多5家，两只国债的平均发行认购倍数为2.06倍，比同期其他附息国债的平均发行认购倍数高25%。

（二）提升国债现货市场流动性，健全反映市场供求关系的国债收益率曲线

健全的国债收益率曲线需要建立在统一、高效、透明的国债现货市场之上，全面反映不同期限结构国债的市场供求关系。上市以来，国债期现货之间套利交易机会、实物交割需求等的增加，促进了国债现货市场流动性的提高，最便宜可交割国债市场流动性的提升尤为明显，促进了现货市场定价效率的提高，从而夯实了国债收益率曲线的编制基础。截至 2014 年 1 月 15 日，130015 日均成交约 20 亿元，较 2013 年 8 月份增加 2.74 亿元，增长 16.21%。投资者通过某货币经纪公司对 130015 进行询价的次数日均 25 次，较 2013 年 8 月份增加 11 次，增长 79%；买卖价差由上市前的 4～5 个基点下降到上市后的 1 个基点，最低 0.25 个基点。

国债期货价格反映了市场对中长期利率走势的预期，与 5 年期利率互换走势高度相关，国债期现货基差与回购市场利率之间的关联性也较高，对现货市场价格进行再发现、再定价、再校正，提高现货市场定价效率，进一步提升国债收益率曲线反映市场供求关系的有效性。

（三）促进债券市场互联互通，及时反映货币政策信息

国债期货促进了交易所债券市场与银行间债券市场的互联互通。国债期货是横跨交易所市场和银行间市场的衍生品，期现套利交易有助于消除同一券种在两个债券市场上的定价差异，提高债券市场定价效率，促进国债在交易所和银行间市场的双向流动。国债期货上市以来，可交割国债跨市场转托管量月均 73 亿元，较 2013 年 8 月份增长 115%，占所有国债转托管量的 40%。

从我国存在中央结算公司和中国结算公司两个债券托管机构的现实出发，中金所在债券托管机构统一开立债券账户。交割过程

中，卖方客户先把可交割国债转入中金所账户；货款交付后，再把国债从中金所账户划入买方账户。不同市场多空客户间的国债过户，通过中金所账户在债券托管机构之间的转托管机制得以完成。这一制度创新对银行间市场和交易所债券市场互联互通的促进作用也得到初步体现。在 TF1312 合约交割中，中央结算公司、中国结算公司上海分公司、中国结算公司深圳分公司都参与了交割，共进行了 5 次跨市场国债转托管，累计跨市场划转债券 7 300 万元。

国债期货价格反映了市场对中长期利率走势的预期，能够及时、有效地反映货币政策信息。2013 年 10 月 29 日，人民银行在公开市场开展 130 亿元 7 天逆回购操作，中标利率为 4.1%，较前一期 7 天逆回购操作中标利率高 0.2%。在公开市场操作信息公布后的 5 分钟内，国债期货价格下跌 0.05 元，对货币政策及时做出反应。

（四）丰富证券公司等机构利率风险管理手段，证券公司持有国债意愿明显增强

近期，国债收益率上升明显，波动幅度有所扩大，国债现货价格跌幅较大。目前，5 年期国债到期收益率为 4.42%，较 2003 年 9 月初上升 50 个基点，对应国债现货价格跌幅达到 2%，国债市值损失数千亿元。部分证券公司开立国债期货套保账户，利用国债期货管理债券组合的系统性风险，取得了较好的效果。2013 年 9 月至 12 月，国债期货套保账户数由 5 个增加到 7 个，日均套保持仓由 246 手增加到 1 305 手。

证券公司参与国债期货实物交割，不仅可以实现套利交易策略的收益，也可以节约现货交易中的信息搜集成本和市场冲击成本，以较低的成本获得国债现货，从而实现对国债现货交易的投资替代。为防范利率风险，部分证券公司在 TF1312 合约集中交割前，卖空远月合约，对买入交割获得的国债进行套期保值，为进一步开展国债做市和套利交易奠定基础。

由于实现了“两条腿”走路，证券公司利率风险管理的手段更加多元化，持有国债意愿明显增强。目前，证券公司持有国债117亿元。

（五）加快金融机构产品和业务创新，促进各行业共同发展

国债期货为机构投资者提供有效的风险管理工具，丰富了金融机构的交易策略，促进基于债券市场组合和国债期货的产品创新，提升金融机构的资产管理效率，增强其服务实体经济的能力。截至2014年1月15日，已有证券、基金、期货等各类金融机构推出了47个资管产品参与国债期货交易。

国债期货的上市促进了商业银行、证券公司、期货公司、证券投资基金国债期货相关业务合作。一是银证之间已经开展国债借贷合作，部分商业银行已经与证券公司签订了国债借贷协议，并为此增持了可交割国债，提高了交易性国债的比重；二是商业银行正在积极准备参与国债期货，部分商业银行已经完成对期货公司国债期货业务授信工作；三是证券、期货和基金发挥各自优势，合作研发与国债期货挂钩的资产管理产品等。

国债期货促进了债券市场其他创新品种的发展。以国泰上证5年期国债ETF为例，该产品以可交割国债为跟踪标的，国债期货提升了可交割国债的流动性，进而带动国债ETF的活跃交易。2013年9月6日至2014年1月15日，国泰上证5年期ETF日均成交约6.7亿元，较2013年8月份日均成交量增加0.9亿元，增长16%。

三、多措并举，进一步推动国债期货市场长远健康发展

从国际成熟市场经验来看，国债期货市场的发展是一个长期培育、逐步发展的过程，在利率市场化进程中产生并随着利率市场化的推进而迅速发展。目前，我国国债期货已经平稳上市运行，市场功能开始显现，有关各方对此给予了积极评价。同时也要看

到，我国国债期货刚刚起步，当前存在一些制约其进一步发展的因素，需要在发展中不断完善。

（一）美国国债期货市场发展 30 多年，经历了一个长期培育、逐步发展的过程

从成熟市场经验来看，国债期货市场的发展是一个长期培育、逐步发展的过程。1970～1986 年，美国逐步完成了从利率管制到利率市场化的转变。在此过程中，1976～1981 年，美国芝加哥期货市场先后推出了 90 天期国库券期货、30 年期国债期货、3 个月欧洲美元期货等利率期货品种，国债期货市场的发展具备了一定的基础。1982 年，美国 10 年期国债期货上市，经过 30 多年的发展，成为全球规模最大、影响最广的国债期货品种。1982～1992 年，随着利率市场化的推进和金融机构参与程度的提高，10 年期国债期货成交量由 5 000 手增长到 4.5 万手，持仓量由 1 万手增长到 14.5 万手。1992～2000 年，美国进入“新经济”时代，美联储货币政策操作从以货币总量调控为主转变为利率调控为主，国债期货市场进入平稳发展时期。10 年期国债期货成交量由 4.5 万手增长到 16.4 万手，持仓量由 14.5 万手增长到 58.5 万手。2000 年以来，受互联网泡沫、次贷危机等影响，美国经济发展减速，市场利率波动加剧，国债期货作为透明度高、流动性好的场内利率衍生品的优势凸显，国债期货进入快速发展的新阶段。2013 年 1 月至 8 月，10 年期国债期货日均成交 140 万手，日均持仓 210 万手，分别是 2000 年的 8.5 倍和 3.6 倍。

（二）多措并举，进一步推动国债期货市场长远健康发展

目前，国债期货已经平稳上市运行，市场功能初步体现，有关各方对此给予了积极评价。同时也要看到，我国国债期货刚刚起步，需要在发展中不断完善，需要有关各方一如既往的大力支持。

下一步，中金所将在中国证监会的领导下，依托国债期货跨部委协调机制，多措并举，做精做细国债期货，实现国债期货市场投资者结构的多元化，拓展国债期货功能发挥的广度和深度。一是做好银行、保险等机构入市政策配套工作，加强培训与市场服务工作，满足金融机构利率风险管理需求；二是强化市场监管及风险防范，加强国债期货、债券现货的跨市场风险监测监控与预研预判，切实维护和保障投资者合法权益，牢牢守住不发生系统性风险的底线；三是努力降低交易成本，做好国债充抵保证金制度研究工作，继续加强投资者教育，提高国债期货市场运行质量，发挥市场在资源配置中的决定性作用，更好地推动服务资本市场和实体经济的健康发展；四是推出其他年限的国债期货，以更好地形成反映市场供求关系的国债收益率曲线，加快推进利率市场化，推动多层次资本市场体系建设，并为实体经济转型发展提供高效率、低成本的利率风险管理工具。

郑振龙：建议尽早推出期权抢占金融制高点

倪铭娅

文章导读

经过多年的发展，中国期货市场在市场深度、广度和厚度及规范性等方面都有了长足的进步，足以承担平衡期权市场的重担。因此，期权推出的时机已完全成熟。目前，在“金砖五国”中，只有中国还没有期权产品，如果不尽早发展，就会丧失金融制高点。

金融功能的充分发挥离不开衍生品市场。建立以金融衍生品市场为核心的现代金融市场具有战略意义。通过该市场，风险可以在全世界重新配置，每个主体的比较优势才会凸显，资源也才能得到优化配置。

本文原载于2014年2月21日《中国证券报》A2版，出版时标题略有改动。

郑振龙为厦门大学金融系教授。

郑振龙：建议尽早推出期权　抢占金融制高点

A02　财经要闻 Economy

股转系统将推出优先股等融资工具

股份转让

证监会：融资融券严格禁止"裸卖空"

专家建议尽早推出期权 抢占金融制高点

国务院学位委员会学科评议组成员、厦门大学金融系教授郑振龙日前在接受中国证券报记者专访时表示，期权是风险管理的高级工具，我国应尽早推出期权，抢占金融制高点，目前推出的时机已完全成熟。

《中国证券报》：您对期权，特别是股指期权的发展有什么建议？

郑振龙：期权是非线性衍生品，其功能强大，但也高度复杂，其风险收益的非对称性导致期权买卖双方天生是不平衡的。为了实现平衡，套利力量的存在是至关重要的。套利包括期权之间的套利，它可以保证各种期权产品之间相对价格的合理性，也包括期权与期货现货之间的套利，它可以保证期权整体价格水平的合理性。由于现货交易成本高、难以做空，以及T＋1交易制度等原因，期货市场成为平衡期权市场的主力。经过多年的发展，中国期货市场从市场深度、广度和厚度及规范性等方面都有了长足的进步，足以承担平衡期权市场的重担。因此，期权推出的时机已完全成熟。

当然，期权是高度精密而复杂的非线性产品，制度设计是关键。一个好的制度是能够实现买卖自我平衡的制度。由于风险收益不对称，期权投机性多方力量一定大大高于投机性空方力量。为了保证市场实现自我平衡，套利的力量至关重要。因此，应积极鼓励和支持机构入市套利。此外，由于保证金收取具有单边性，强烈建议按总风险敞口收取保证金。

《中国证券报》：在国际金融危机爆发后，有观点认为金融衍生品是危机肇因，视之为洪水猛兽。应如何看待这种观点？

郑振龙：危机如同感冒一样，是市场的自我调整，能够推动金融衍生品市场更加成熟。金融只是一个工具，只有用得好和用得不好之别，没有好的金融和坏的金融之分。目前，在“金砖五国”中，只有中国还没有期权产品，如果不尽早发展，就会丧失金融制高点。

《中国证券报》：在发挥市场在资源配置中的决定性作用的过程中，金融期货市场作为金融风险管理平台可以发挥什么作用？

郑振龙：金融的核心目标是优化资源配置，它有两个功能“轮子”，一是融资，二是风险管理。如果有完善的风险管理工具和风险转移市场，风险能得到有效管理，很多融资难问题就能迎刃而解。遗憾的是，因为金融衍生品表面上不直接创造 GDP，是个零和游戏，所以我们长期以来对金融衍生品不重视，衍生品市场的发展严重滞后于经济发展的需要，也远远落后于国际上同类国家和地区。可以说，缺乏风险管理的资源配置是无法有效的。

金融的核心功能是让市场参与者根据各自掌握的信息，运用各种自然和金融资源，寻求解决问题的方案，充分发挥各自的比较优势进行合作，从而达到“多赢”的目的，进而实现资源优化配置的目标。要实现资源的优化配置，除统计信息外，特别需要金融市场的信息来提高决策的及时性、准确性和前瞻性。

金融功能的充分发挥离不开衍生品市场。建立以金融衍生品市场为核心的现代金融市场具有战略意义。通过该市场，风险可以在全世界重新配置，每个主体的比较优势才会凸显，资源也才能得到优化配置。

需要强调的是，新建立的任何一个市场最初都会出现小的波动，但市场会自动调节，不需要过度担忧。只有在出现极端风险时，政府才需要出手纠正。

股指期权对完善我国资本市场风险管理体系意义重大

于延超　张光磊　董翠萍

文章导读

股指期权以其覆盖面广、应用便捷、市场需求大等特点，在全球20多个国家和地区得到蓬勃发展，广泛地应用于风险管理、资产配置和产品创新等领域，加之其具有独特的“保险”功能及有效度量风险、精细管理风险等作用，有助于满足实体经济对投融资和风险管理的迫切需求，对于完善市场风险管理体系，推动我国资本市场长期健康稳定发展有着重要意义。具体来看：第一，发展期权市场是完善我国资本市场风险管理体系的关键举措；第二，发展期权市场有助于改善股市投资文化；第三，发展期权市场有助于推动金融机构的理财产品创新；第四，推出股指期权能够为宏观决策提供可靠的参考指标。

本文原载于2014年1月10日《上海证券报》5版。

作者分别为：中国金融期货交易所监查部总监助理；中国金融期货交易所股指类期货期权小组员工；南华期货分析师。

从海外实践经验来看，股指期权以其覆盖面广、应用便捷、市场需求大等特点，在全球20多个国家和地区得到蓬勃发展，广泛应用于风险管理、资产配置和产品创新等领域，加之具有独特的“保险”功能及有效度量风险、精细管理风险等作用，有助于满足实体经济对投融资和风险管理的迫切需求，对于完善市场风险管理体系，推动我国资本市场长期健康稳定发展有着重要意义。

News 新闻·财富管理 | 封五 上海证券报

股指期权对完善我国资本市场风险管理体系意义重大

一、发展期权市场是完善我国资本市场风险管理体系的关键举措

完整的资本市场风险管理体系应当包括期货市场和期权市场。据美国期货业协会（FIA）的统计，2012年全球场内市场期权合约成交量达101亿张，期货合约成交量为110亿张，期权与期货各占半壁江山。2010年4月16日，沪深300股指期货成功上市，标志着我国资本市场风险管理体系建设迈出了关键的第一步。经过4年来的实践，股指期货市场运行平稳，机构参与有序，功能逐步发挥，股指期货已成功嵌入资本市场运行与发展之中，促进了期货业、证券业和基金业的大融合，促进了期货公司的大发展。但是，单一的股指期货产品无法形成完整的风险管理体系，难以完全满足未来我国资本市场规模进一步扩大、结构进一步优化、功能进一步发挥的内在发展要求，与我国资本市场在经济发展中的功能定位不匹配。

当前，不仅全球GDP及股票市值排名前二十的国家和地区除中国内地市场外都推出了股指期权，新兴转轨经济国家如巴西、俄罗斯、印度、南非、波兰等也成功推出了股指期权产品。随着近年来全球金融风险加剧，市场对使用期权产品管理风险的需求不断提升。据美国期权清算公司（OCC）的统计，2000 年至 2012 年期间，美国场内期权市场年均增长率达 15%。期权产品的市场价值已得到国际社会各界的广泛认同。因此，从促进实体经济、资本市场、风险管理市场协调发展的角度看，需要我们加快期权市场建设，完善风险管理体系建设，使之功能更加完备，影响更为显著，更好地服务于资本市场和实体经济的发展需要。

二、发展期权市场有助于改善股市投资文化

我国资本市场已取得举世瞩目的巨大成就，但目前仍处于新兴加转轨的发展阶段，市场波动较大、系统性风险偏高。反映在投资者层面，就是往往难以实现长期、稳定的投资收益，反过来又使得投资者更加不敢、不愿长期持有股票，加剧了短线交易行为与市场波动，价值投资、理性投资的股市文化难以形成。

期权是一种行之有效的风险管理工具。一方面，与股指期货不同，使用股指期权避险等同于买“保险”，更加简便易行，在锁定下跌风险的同时，不会使投资者错失市场上涨获利的机会，有助于鼓励机构投资者增加持股时间与持股稳定性。另一方面，推出股指期权有助于进一步改善股市文化。股指期货上市以来，套期保值、套利交易、量化投资等多元化的投资理念逐渐扎根发芽，股市投资文化得以改善、内涵更加丰富，推出股指期权将进一步推动股市文化的转变，增加机构投资者在股市中的参与比例，优化市场生态结构，有助于减少股市非理性交易，进一步普及风险管理、价值投资理念，推动资本市场长期健康稳定发展。

三、发展期权市场有助于推动金融机构的理财产品创新

与国际上先进的财富管理机构相比，当前我国商业银行、证券公司、基金公司等金融机构的代客理财业务尚处于起步阶段，业务模式较为单一，产品创新能力较差，导致同质化的问题较为严重。统计数据显示，2013 年，我国内地市场 183 家银行发行理财产品共 44 805 只，而挂钩股票和商品类的理财产品仅有 2 202 只，占比不到 5%，绝大多数理财产品都是利率、信贷类产品。股票类理财产品匮乏不仅难以满足广大投资者多元化投资的实际需求，而且不利于我国金融体系的结构调整与资本市场的投融资功能发挥。

开展理财产品创新的一个重要前提，就是需要有充足的基础性构件，包括期货、期权等衍生品。对于我国证券公司、基金公司、期货公司等金融机构来讲，期权不仅仅是一个功能上简便易行的避险工具，更是这些机构进行理财产品创新最常用的基础性构件。股指期权的推出将为金融机构开展理财产品创新开创出一个新的领域，设计出更为丰富、优质的保本理财产品，让广大希望实现保本投资的中小散户投资者更好地分享资本市场改革创新的发展成果。

四、推出股指期权能够为宏观决策提供可靠的参考指标

股指期权市场的交易行为不仅反映投资者的市场参与情绪，而且可以充分揭示投资者对未来市场变化的信心与判断。通过将股指期权价格编制成股市波动率指数，可为宏观决策和市场监管部门提供重要、可靠的参考指标，有利于相关部门对市场的预研、预判，提高宏观决策的前瞻性和有效性。自 2003 年起，美国财政部就把波动率指数、股价指数和拆借利率等六大指标一起作为观察金融市场压力的重要参考。目前，通过期权市场编制的波动率指数已成为国际货币基金组织、国际清算银行、欧洲央行、英国央行、美联储、美国财政部等全球重要金融管理部门及监管机构进行金融决策的重

要指标之一。

总体来看，随着我国资本市场的快速发展，实体经济对多元化投融资和风险管理服务的需求日益增强，市场对期权产品需求强烈，迫切需要股指期权产品来完善市场风险管理体系，改善投资者交易行为，推动金融产品创新，满足广大投资者“保本理财”需求。

私募盼中金所推金融期货产品

熊　锋

文章导读

如果有了更多金融衍生品工具，完全可以通过工具的组合，既规避当前市场下跌风险，又抓到未来上涨的机会，同时避免市场投资者的交易过于一致引发的市场大幅波动。

本文原载于2013年12月27日《中国证券报》A17版。

“我们希望中金所能推出更多金融期货产品。”上海申毅投资咨询管理有限公司董事长申毅接受《中国证券报》记者采访时呼吁。他认为，股指期货推出给国内资本市场带来众多积极变化，为证券投资者提供了避险工具，改变了整体资本市场的投资文化，但仅有股指期货还不够，希望中金所尽快推出多样化的金融期货产品，如推出中证500指数期货、创业板指数期货等满足投资者多样化的需求。

商品/期货 Commodity Futures A17

私募盼中金所推更多金融期货产品

申毅认为，如果有了更多金融衍生品工具，完全可以通过工具的组合规避当前市场下跌风险，同时抓到未来上涨的机会，还可以避免市场投资者的交易过于一致引发的市场大幅波动。

对于可能于2014年上市的期权产品，申毅寄予了厚望。他认为，期权上市增加的不仅仅是管理风险的工具，更将推动交易模式的多样化。对于投资者来说，利用现货、期货和期权的组合投资，可以创设出各种风险水平，多种收益预期的产品，从而满足不同投资人的收益预期。

“期货种类增加对市场的积极影响已经在股指期货上得到充分体现。”申毅发现，股指期货上市三年多来，沪深300指数成分股整体波动性大幅下降，说明机构投资者通过利用股指期货，减少了现货不必要的调仓，实现了现货市场更稳定的运行。

中国金融期货交易所
China Financial Futures Exchange

结束语

努力建设人民群众满意的交易所

张慎峰

一、股指期货和国债期货运行平稳，服务资本市场发展全局的积极作用日益显现

中金所目前有两个产品。第一个产品是2010年4月16日上市的沪深300股指期货。2013年日均成交5 900多亿元，累计成交140.70万亿元，同比增长85.52%。股指期货上市近4年来，已全面实现上市初衷，圆满完成“高标准、稳起步”的预定目标，服务资本市场发展全局的积极作用日益显现。一是充分发挥了“减震器”的宏观稳定作用，提高了股市内在稳定性，大幅波动天数明显下降。二是成为财富管理“保险单”，投资安全更有保障。三是成为提升股市核心竞争力的“助推器”，推动了各种机构长期资金入市，加速了产品创新。四是催熟先进投资理念，起到了股市投资文化“催化剂”的作用。

中金所第二个产品是2013年9月6日上市的5年期国债期货，也实现了平稳起步，积极作用逐步显现。一是上市以来，投资者参与有序，市场交易理性，没有出现“炒新炒虚”的现象，86%的交易量主要集中在主力合约。二是期现货价格联动良好，期现价差仅为1毛6，甚至略好于

本文内容系2014年1月20日中国金融期货交易所董事长张慎峰在《人民日报》经济社会部与人民网联合举办的“人民金融年会”上所做主题演讲，出版时略有改动。

成熟运行几十年的美国10年期国债期货的表现。三是对现货市场的推动作用已经开始发挥。

二、中美股市表现迥异，不是股指期货惹的祸

沪深300股指期货上市以来，获得了专家学者、专业机构和主流媒体的广泛认可，特别是得到了《人民日报》等主流媒体的高度肯定。在股指期货上市一周年时，人民日报明确指出“股指期货成功嵌入资本市场”，影响很大。但是，社会对股指期货市场的理解和认识客观上还需要一个过程。

比如，近期中美经济与股市表现的对比成为热门话题。不少人认为，美国作为前次金融危机的发源地，经济熊冠全球，股市却牛冠全球，中国则恰好相反，好像二者都出现了匪夷所思的“股市与经济基本面背离”的状况。然而，透过现象看本质，中美股市表现迥异，根源在于实体经济和金融。

（一）中美宏观经济所处周期不同，导致股票类资产吸引力不同

股市是宏观经济的晴雨表，不仅反映当前经济增长，更反映未来经济走势和预期。美国经济自次贷危机爆发后，从2007年12月步入衰退，2009年第三季度开始恢复增长，走出V字形复苏之路。当前，美国经济多项指标向好，复苏迹象明显加快。2013第三季度，美国GDP增速为2.8%，高于过去3个季度的水平；2014年1月13日，美银美林将其对美国2013年第四季度GDP增速预估从2.1%上修至3.5%。考虑到增速的稳步回升和美国经济的巨大体量，美国经济的复苏非常稳健。中国GDP增速绝对值虽然维持高位，但调整减速态势非常明显。2007年至2012年，GDP增速分别是14.2%、9.6%、9.2%、10.3%、9.2%和7.8%，2013年前三季度GDP增速仅为7.7%，远低于过去几十年10.2%的平均增速，总体进入下降通道。中美经济周期的不同步，是中美股市表现差异的核心因素。

（二）中美市场实际利率水平不同，导致企业盈利能力不同

实际利率水平决定企业资金成本，直接影响企业盈利能力。美联储自2008年11月至2012年底先后推出了四轮量化宽松政策，将联邦基金利率调降至0.25%以下，以此增加市场流动性，降低企业借贷成本，增强企业盈利能力，大大刺激了经济复苏和持续发展。美股虽大幅上涨，但标普500市盈率过去4年始终保持在20倍左右的水平，说明美股走牛并非价值高估，而是企业盈利增长的强力支撑。相反，中国实际利率水平不断抬高，虽银行一年期基准利率为3%，但预期收益率为6%～8%的各类理财产品比比皆是，更不论收益高达10%的信托产品和15%的民间拆借利率，企业实际融资成本已远远超出合理范围。高企的实际利率水平增加了企业运营负担，大大削弱了盈利能力。

（三）中美产业格局不同，导致驱动股市动力不同

美国股市呈现典型的高科技和新兴产业驱动特点。从行业结构上看，以苹果、谷歌、微软为代表的高新技术和信息产业在美国的道琼斯指数、标普500指数和纳斯达克100指数中均是占权重最大的行业，权重占比分别达到19%、18%和55%。美国股市及其主要指数可以借着高科技产业持续高速发展的东风而不断挑战新高。过去几年正是以科技革命和创新等为代表的股票品种走强推动了美股稳健上涨。反观中国，金融地产、工业和可选消费等传统成熟行业仍在经济和股市中占主导地位，其权重占比在沪深300中高达65%以上。这类行业周期性强、成长性差，在经济转型中，以往的高增长模式难以为继。此外，真正高成长的优秀科技企业如腾讯、百度等又未在境内上市，中国股市其实没有真正享受到中国新兴产业高速发展带来的红利。

（四）中美理财市场不同，分流股市资金程度不同

美国市场理财产品收益率大大低于股市股息率，反衬股市吸引力。金

融危机后，美国推行低利率货币政策，联邦基准利率从2007年的5.02%快速下降到2008年的1.92%、2009年的0.16%，此后一直维持在低位。2013年12月，联邦基准利率为0.07%，商业银行居民储蓄率平均为0.17%。美国完全市场化的利率环境及良好金融秩序等因素，让市场上固定收益类投资产品宽松而有序地发展，收益率紧紧贴合市场基准利率。标普500成分股最近几年平均股息率为2%，是无风险利率的28倍，是银行存款利率均值的11.5倍，显然更富吸引力。相比而言，中国理财产品市场秩序混乱，影子银行各类产品收益率盲目攀比、规模盲目扩张，平均预期收益率远超6%，而沪深300指数3%的股息率仅与银行1年定存利率相同，且不到理财产品收益的一半。银行和信托发行的高收益理财产品总规模已高达30万亿元，吸引和分流了大量股市资金。

（五）风险管理工具的应用程度不同，导致长期资金入市规模不同

围绕股票现货市场，美国构建了完整的股票衍生品市场，包括股票和指数的期货与期权产品。股票和指数期货与期权产品是风险对冲和管理工具，用于现货市场的套期保值。在美国市场，机构投资者占主导地位，如401K养老金等长线投资机构持股规模达到14万亿美元，占美股总市值的46%，他们有能力和实力灵活应用各种衍生品工具，为手中的现货股票持仓进行风险对冲，客观上增强了长期持股信心。相比之下，我国金融期货与衍生品市场发展还很不充分。资金量最大的公募基金、银行与信托类理财、保险机构由于种种原因没有使用股指期货等风险对冲工具，对高风险的股票类资产显得极为排斥，甚至还有些人认为近几年股市下跌是股指期货惹的祸，只允许非常少量的资金投入股市。

可见，中美的股市和经济都没有发生所谓的背离，股市仍旧反映了经济基本面，中美股市走势差异巨大的根源在于实体经济与金融因素的不同。中国股市持续低迷调整，恰恰体现了中国经济转型期间的阵痛。

三、对股指期货应有正确认识

首先，股指期货与股市一样，都是宏观经济的晴雨表和温度计。二者之间具有相关性，但并非因果关系，股指期货不具备引领股市下跌的能力。但是，由于交易机制和交易标的有所差异，股指期货与股市对信息反映的速度有所不同。举一个例子：闪电和打雷的关系，现代人都清楚打雷和闪电都是不同电荷云层之间放电的结果。只是光在空气中的传播速度远远超过声音，所以人们总是先看到闪电、后听到雷声。股指期货与股票市场的关系类似于此。股指期货交易的是复合性的指数，杠杆交易且价格显示速度快，看起来好似期货领先，其实它们有关联关系而不是因果关系，它们有共同的决定因素，那就是实体经济和更宏观的金融因素。

再比如，社会也普遍关注股指期货升贴水，即期现货价格相对孰高孰低的情况。有人认为，升水就是做多看多、贴水就是做空看空股市的标志。实际上，股指期货升贴水主要受金融市场利率、股市分红、套利资金成本等影响。升贴水不代表定价有偏差，也不是看多或看空的有效标志，更不是股市走势的指南针。美国市场利率很低，仅是股息率的1/20，因此标普500指数期货2009年以来出现持续贴水，5年来99%的交易日期货价格低于现货，但美国股市自2009年一路走高，连创历史新高。我国沪深300股指期货运行近4年来，主力合约升水比例则在68%左右，但并未改变我国股市持续调整的现状。

其次，产生误解的根源在于没有看清股票和期指的根本区别。期货和现货价格不能逆向传导的关键在于：股市交易的是数量有限的股票，这种“有限性”决定了交易量对价格影响巨大，即“供求”状况在起作用；期货市场交易的是“无限”的合约，类似于买保险，可以随时创建、无限使用，不受现货规模约束。只要有资金，有不同观点和对手盘，理论上可以实现“无穷大”的成交量和持仓量。交易量大只代表资金成本控制和避险需求的观点分歧，对另一种本质不同的股票价格并无实质影响。它们的共同决定者是实体经济和金融因素。

四、抓住机遇，迎接挑战，建设人民群众满意的交易所

未来5年是我国全面深化改革和扩大开放的关键时期，也是金融期货市场发展的重要阶段。我国实体经济持续增长，也迫切需要与之相匹配的风险管理市场。我国宏观金融改革不断推进，金融服务实体经济发展的能力不断提升，金融创新先行先试的氛围更加包容。金融期货市场建设顺应天时，机遇难得。同时，金融期货市场建设还面临着诸多挑战，还存在制约金融期货功能发挥的一系列因素。这包括：一是社会对金融期货认识不足，发展环境有待改善。二是产品上市审批机制亟待改革，产品上市步伐亟待加快。三是各类机构等参与主体的市场准入条件亟待优化，入市节奏亟待加快，参与的广度和深度亟待拓展。目前，只有两个金融期货产品肯定是远远不够的，不能满足市场日益丰富、十分迫切的避险需求。未来中金所将聚焦市场需求，着力完善金融期货产品体系。一是完善权益类产品体系。在保障沪深300股指期货平稳运行的基础上，加快推出沪深300股指期权，适时推出中证500、上证50等其他系列指数期货。二是在保障5年期国债期货平稳运行的基础上，分步推出10年期国债等其他关键期限国债和利率类期货及期权合约，逐步健全利率衍生品体系，健全反映供求关系的国债收益率曲线。三是适时推出汇率类期货及期权产品。

中金所将秉承“社会责任至上”的理念，抓住我国深化改革、扩大开放的历史机遇，推进产品、服务和技术创新，充分发挥市场功能，积极打造金融风险管理服务平台，服务国民经济发展需要，努力建设人民群众满意的交易所。

当然，金融期货在国际上已经是简单、成熟、广泛使用、必不可少的风险管理工具，在我国也有很好的发展前景和比较扎实的运行探索实践，但它毕竟在我国刚刚生根发芽，还是新生事物，还很娇嫩，需要各方的共同呵护。